Ne

AS FACES DE DEUS

Você Também Pode conhecer o Deus (In) Visível

SCOR Editora TECCI

2006

Dados Internacionais de Catalogação na Publicação (CIP)
(Câmara Brasileira do Livro, SP, Brasil)

Stina, Neumoel.
As faces de Deus : você também pode conhecer o Deus (in) visível / Neumoel Stina. -- São Paulo : Scortecci, 2006.

ISBN 85-366-0614-2

1. Deus - Conhecimento 2. Deus - Face 3. Deus - Misericórdia I. Título.

06-2651 CDD-231.042

Índices para catálogo sistemático:

1. Faces de Deus : Conhecimento de Deus : Doutrina cristã 231.042

Grupo Editorial Scortecci

Scortecci Editora
Caixa Postal 11481 - São Paulo - SP - CEP 05422-970
Telefax: (11) 3032-1179 e (11) 3032-6501
www.scortecci.com.br
editora@scortecci.com.br

Livraria e Loja Virtual Asabeça
www.asabeca.com.br

Homenagem aos meus pais

Orlanda Prioli Stina

27/05/1923 – 01/07/2005

Florindo Stina

15/04/1919 – 04/03/1995

Cumpriram a missão com a maior dignidade possível.

Esta página é a homenagem de um filho que jamais esquecerá as lições de vida apreendidas diariamente através do exemplo. Deixo aqui este registro de gratidão para que outros saibam que uma das maiores bênçãos da minha vida foi ter nascido deles.

Um dia, na eternidade, eles saberão deste gesto porque o amor é eterno.

Neminho.

Prefácio

O mensageiro de Deus.

Creio que ao trazer à luz as múltiplas faces divinas, o pastor Neumoel Stina compartilha com todos nós, as generosas bênçãos que somente Deus pode oferecer. E este livro – resultado de inesgotáveis reflexões teológicas – tem esse poder de reproduzir para o público as infinitas possibilidades que o caráter de Deus pode proporcionar. Esse valioso gesto de sabedoria do pastor Stina está contido nesta obra que, somente poderia ser executada por alguém abençoado, com especial capacidade para apresentar os mais diversos aspectos que nos transportam à presença de Deus.

Neumoel Stina é paulista, formado em Teologia e mestre em Administração. Iniciou sua trajetória como pastor no começo da década de 80, quando lançou o seu primeiro programa de rádio no interior de São Paulo. Exerceu funções de direção em importantes entidades religiosas, como a Associação Paulista Oeste, da qual foi presidente. Como comunicador, entre outras funções, exerceu por cinco anos o posto de diretor-geral do Sistema Adventista de Comunicação e também de orador do tradicional e indispensável programa de rádio *A Voz da Profecia.*

O pastor e escritor Stina tem uma história de vida voltada à divulgação da palavra de Deus. Fez do dom da comunicação um instrumento à serviço do bem, da paz e da generosidade. Aperfeiçoou-se como um mensageiro da evangelização. Sua trajetória revela o tamanho da sua obra, a qual, inevitavelmente, devemos reconhecer. Com o quarteto *Arautos do Rei*, desenvolveu campanhas em mais de 200 cidades brasileiras; ampliou expressivamente o número de emissoras de rádio a transmitir o programa *A Voz da Profecia*, saltando de 57, em 1997, para mais de 1.500 no ano 2002; levou para a TV a mensagem de Deus, realizando o sonho de uma legião de irmãos em Cristo.

A sólida formação religiosa do nosso pregador o fez levar a palavra de Deus a outros continentes, como a América do Sul, América do Norte, Europa e Ásia. O presente livro do pastor Stina – *As faces de Deus* – é, sobretudo, uma obra didaticamente esclarecedora acerca das facetas do caráter de Deus. Esta obra, certamente, foi produzida sob o manto inspirador de Jesus Cristo, com o qual – o livro nos ensina – devemos priorizar o nosso relacionamento, sobre todas as coisas.

Em seu texto fluente e acessível, Neumoel Stina nos mostra os caminhos por meio dos quais podemos conhecer as tantas faces de Deus. Aponta-nos as lições que devemos apreender das diferentes faces. Mostra o seu aspecto misericordioso, que enfrentou sacrifícios para salvar os homens. O livro discorre sobre outras faces, como a da graça, que se nos apresenta em forma de bênçãos; a do amor, que nos permite superar as mazelas do mundo; a do companheirismo, com suas lições definitivas sobre como promover o bem; a da valorização, onde todos podemos ser reconhecidos; a da bondade, onde Deus nos mostra como ter grandeza espiritual; a da compaixão, onde podemos buscar forças para vencer as tristezas; e a do perdão, que nos desafia para o exercício da comunhão.

Estamos, pois, diante de uma obra que contém a significativa missão de reavivar a fé. Um trabalho que contempla ricos ensinamentos para as pessoas que levam Cristo em seu coração; e que também se constitui em um espaço privilegiado para que todos, indistintamente, possam se aproximar de Deus. E é a Deus que agradeço o privilégio de desfrutar do relacionamento pessoal com o pastor, o escritor e o amigo Neumoel Stina. Que ele permaneça sendo esse homem abençoado, e que mantenha viva a sua missão de levar o amor de Deus a todas as pessoas.

Doutor Rubens Sergio Rasseli

Sumário

Apresentação **15**

Introdução **19**

Capítulo 1
A face da MISERICÓRDIA 31

Capítulo 2
A face da GRAÇA 43

Capítulo 3
A Face do AMOR 51

Capítulo 4
A face do COMPANHEIRISMO 61

Capítulo 5
A face da VALORIZAÇÃO 73

Capítulo 6
A face da BONDADE 85

Capítulo 7
A face da COMPAIXÃO 99

Capítulo 8
A face do PERDÃO 111

Conclusão **123**

Bônus **127**

Apresentação

Apresentação

É uma honra muito grande fazer a apresentação do livro "As Faces de Deus" do meu amigo, escritor, profundo conhecedor das coisas espirituais e pastor Neumoel Stina. É mais que um livro. É como se fosse um álbum de fotografias, de Deus.

A grande busca da humanidade hoje em dia é a procura de um significado de sua própria existência.

Parece que cada ser humano deseja saber de onde veio e para onde vai, quem é e o que poderá ser. O que seria um resumo da missão de cada um.

Parece mesmo uma vocação genuína da constante procura de um sentido na vida individual.

Neste livro você vai descobrir que o Pastor Stina apresenta um espelho que reflete de maneira bem clara esse sentido tão procurado.

Você compreenderá também que o reflexo do espelho, conforme citado pelo apóstolo Paulo, é nada mais nada menos do que Deus é em Sua essência através de Sua bondade, misericórdia, amor e outras tantas faces apresentadas e vistas.

Hoje vemos como que por um espelho, porque nossa mente está de certa forma enfraquecida, porém, um dia, muito em breve, poderemos ver sem espelho, face a face, quando o Senhor Jesus regressar nas nuvens dos céus.

Meu desejo pessoal é que você veja, desde agora, nas páginas deste livro as faces de um Deus maravilhoso que se aproxima para nos resgatar deste mundo de aflições.

Tenho plena convicção que você será enriquecido com a leitura desta obra.

Com muito apreço e carinho,

Doutor Sidney Storch Dutra.
Reitor da UNISA – Universidade de Santo Amaro.

Introdução

As fotos, como os dias da nossa vida, devem ser vistas uma de cada vez. Selecionadas e arranjadas formam um álbum, assim como os dias que passam por nós, um a um, formam uma existência. A sabedoria está em viver um dia de cada vez, como se vê uma foto.

Introdução

Este é um álbum de fotografias. Nele você pode ver alguns retratos de Deus. Muitas pessoas têm falado comigo dizendo: não tenho nenhum conhecimento de Deus, o que devo fazer? Tendo um relacionamento com Ele ou não, você também pode apreciar estas fotos do Senhor.

Quero mostrar a você algumas das facetas do caráter de Deus, porque eu sei que você também deseja ver a face de Deus. Quantas vezes a gente diz: queria tanto ter uma resposta de Deus! Como eu gostaria de ouvir a opinião dEle sobre esse assunto! Em alguns momentos da vida nós sentimos que Deus está muito longe, não é mesmo? Não seria maravilhoso, nessas horas de aflição, poder contemplar a face de Deus?

Independente da sua religião, da sua crença ou da sua profissão de fé, este livro é para você. Eu o escrevi pensando em você. Mesmo sem saber quem você é, eu orei a Deus por você. Pois, mesmo que eu não o conheça, eu sei que Deus o conhece muito bem. E sei algo mais: Deus ama você!

E ao ver agora as faces de Deus você será abençoado. Acredite, é verdade! Bom, não se esqueça que aqui está o meu jeito de ver Deus. Cada um pode vê-Lo da maneira que quiser ou puder.

Contemplar a face e Deus é um dos grandes anseios do ser humano.

Moisés pediu para ver a face de Deus quando implorou ao Senhor que lhe mostrasse Sua glória.

No livro do Êxodo, que conta a história da saída do povo de Israel do Egito, no capítulo trinta e três, nos versos dezessete a vinte e três, está o relato do momento quando Moisés pediu para ver a glória de Deus.

A resposta de Deus foi: ***"Não me poderás ver a face, porquanto homem nenhum verá a minha face e viverá".*** Êxodo 33:20.

Embora Deus não permita que o ser humano veja Seu rosto, Ele tem tratado com o homem cara a cara, ou seja, face a face, conforme Êxodo 33:11, ***"Falava o Senhor a Moisés face a face, como qualquer fala a seu amigo".*** O registro bíblico sobre a morte de Moisés, diz que ***"Nunca mais se levantou em Israel profeta algum como Moisés, com quem o Senhor houvesse tratado face a face".*** Deuteronômio 34:10.

Apenas para não criar uma idéia errada, digo a você que tudo o que nós vemos hoje é como que por espelho, ***"porque, agora, vemos como que por espelho".*** I Coríntios 13:12. Mas mesmo vendo através de um espelho, nós somos transformados, ***"E todos nós, com o rosto desvendado, contemplando, como por espelho, a glória do Senhor, somos transformados, de glória em glória, na Sua própria imagem".*** II Coríntios 3:18.

O desejo de ver a face de Deus era motivo de louvor no passado. O povo de Israel cantava em seus cânticos didáticos sobre este anseio do coração humano: ***"Como suspira a corsa pelas correntes das águas, assim, por ti, ó Deus, suspira a minha alma. A minha alma tem sede de Deus, do Deus vivo; quando irei e me verei perante a face de Deus?".*** Salmo 42:1-2.

No seu trato para com o ser humano Deus já se apresentou de várias maneiras. A Abraão, Deus apareceu na forma de um homem. É só ler o relato que está em Gênesis 18 e 19 para perceber o que estou afirmando. O verso um diz que eram três homens. Abraão dirigiu-se a um deles chamando-O de Senhor meu. Abraão lhes serviu pão, carne de novilho, coalhada e leite e eles comeram. Afirmaram a Abraão que este teria um filho dentro do prazo de um ano. Depois fizeram menção de ir para a cidade de Sodoma e Abraão os acompanhou. O Senhor falou a Abraão sobre Seu plano de destruir as cidades de Sodoma, Gomorra e algumas outras poucas cidades. Movido por um sentimento divino Abraão intercedeu junto ao Senhor pelos habitantes das cidades. Aqueles três homens eram o Senhor e dois anjos. No final do capítulo dezoito, a Bíblia informa que ao o Senhor se retirar, Abraão voltou para o seu lugar, à sua tenda.

O capítulo dezenove começa mostrando os dois anjos indo para Sodoma com o objetivo de salvar Ló e sua família. Para Ló eram dois anjos, mas os homens da cidade de Sodoma os viram como se fossem dois homens. Tanto que os homens devassos daquela pecaminosa cidade forçaram Ló a colocar os homens para fora de casa, pois queriam abusar deles. Gênesis 19:5.

Deus pode aparecer a você e a mim da forma que Ele achar conveniente. Porém, Ele jamais se apresentará diante de um ser humano com toda a Sua glória, pois se o fizesse, esse humano morreria. Morreria porque ainda não fomos transformados completamente. Seremos transformados sim, quando Jesus regressar conforme está prometido em I Coríntios 15:51-54, onde afirma que nos tornaremos imortais, incorruptíveis. Então veremos a face do Senhor, porque estaremos para sempre com o Senhor.

A Josué, o Senhor apareceu na forma de um soldado. Tanto que Josué em seu assombro perguntou: ***"És tu dos nossos ou dos nossos adversários? Ao que Ele respondeu: não; sou príncipe do exército***

do Senhor e acabo de chegar. Então, Josué se prostrou com o rosto em terra, e o adorou, e disse-lhe: Que diz meu Senhor a seu servo?". Josué 5:13-14.

Lembremo-nos que sempre que o Senhor se apresenta a um ser humano é porque o Senhor Deus tem uma mensagem para transmitir. No caso de Abraão o assunto estava ligado ao filho que Abraão e Sara teriam. Já no encontro com Josué, Deus viera em resposta à oração do líder que tinha diante de si a grandiosa missão de suplantar a inexpugnável cidade de Jericó. É só ler o capítulo seis do livro de Josué para perceber a orientação de Deus, a logística, a tática de guerra que foi passada a Josué pelo Senhor.

Para Paulo, até então Saulo, Deus apareceu no meio de uma luz fulgurante. O relato está em Atos 9. Saulo era um perseguidor da igreja nos dias dos apóstolos, logo após a morte de Jesus. Um belo dia, enquanto ia para uma cidade chamada Damasco, o Senhor lhe apareceu no meio de uma grande luz e os versos 4 e 5 dizem assim: ***"Saulo, Saulo, por que me persegues? Ele perguntou: quem és tu, Senhor? E a resposta foi: Eu sou Jesus, a quem tu persegues".***

O meu desejo, a minha intenção neste livro, não é discutir teologicamente quem é que se apresentou em nome de Deus, se foi Deus o Pai, se foi Deus o Filho ou se foi Deus o Espírito Santo. Nesta obra trataremos os três membros da divindade indistintamente, usando as expressões Deus, Senhor, e Jesus.

Com ***As faces de Deus***, espero mostrar as maneiras, os métodos ou as fórmulas que Deus usa para nos alcançar. Você e eu somos os grandes objetivos de Deus. É verdade que Deus cuida de todas as coisas, mas Sua maior preocupação é com você e comigo.

Vou explicar já minhas intenções para que você desde o início do livro saiba qual é o caminho que eu estou seguindo. Não quero que você leia o livro pensando que vai encontrar uma coisa e depois, no final, acaba descobrindo que achou outra.

Por que estou fazendo assim? Porque no decorrer dos anos e também em função da lei da entropia, ou lei da decrepitude, todas as coisas foram se perdendo e se degenerando, inclusive a própria imagem que temos de Deus, tem sido deturpada por teólogos, pregadores e cristãos de um modo geral. Se você perguntar para um grupo de homens e mulheres, independente da idade ou de outra variável qualquer, qual é a imagem que cada um tem de Deus, e fizer isso individualmente, separadamente, você vai descobrir que quase todos estão confusos a respeito de Deus.

Muitos de nós vemos Deus apenas e tão somente como um juiz implacável. Um tirano. Sempre pronto a mostrar o cartão vermelho. ***É a pregação do Deus que amedronta.***

Outros pensam que Deus não está nem aí conosco. Alguns ensinam até que Deus criou e desapareceu. ***É a pregação do Deus ausente.***

Outros ainda pensam que alguns foram predestinados para a perdição, enquanto uns poucos foram predestinados para a salvação. ***É a pregação do Deus que não nos deixa escolher.***

Alguns pensam que Deus está se divertindo com tudo que acontece no Planeta. Parece até que está rindo da nossa desgraça. ***É a pregação do Deus circense.***

Há alguns até que representam um Deus que está sempre aborrecido conosco. Um Deus irado porque alguma coisa não deu certo. ***É a pregação do Deus carrancudo.***

Alguns até acham que Deus não existe, ou que deixou de existir. Um Deus cuja data de validade venceu. ***É a pregação do Deus morto.***

E para você, como é Deus?

No fundo no fundo eu apenas quero mostrar como Deus me trata. Como Deus trata você. Nada mais. Ao ler este livro você vai descobrir que Deus é amor, bondade, misericórdia, graça, companheirismo, perdão, compaixão, valorização. Enfim, que Deus é acima de tudo salvação.

Que tal pensar em Deus como um pai? Ou ainda pensar em Deus como um amigo?

Eu não tenho dificuldade alguma para pensar em Deus como um pai. Eu tive um pai maravilhoso. Era um sábio, embora não tenha tido a oportunidade de acumular diplomas. Só tenho que agradecer a Deus por meu pai. Sinto muito sua falta, pois ele descansou no Senhor em 1995. Ele só me ensinou coisas boas e me deixou um exemplo a ser seguido. Ele se chamava Florindo, e penso que o nome representou bem sua experiência como homem e também como cristão. Pois, como uma grande árvore frutífera, ele floriu para Deus e para nós, seus familiares e amigos. Ele perfumou nossa vida com sua existência. Eu sei que o verei muito em breve, quando Jesus regressar, juntamente com minha mãe, dona Landa, que descansou em Jesus em 2005. Que vazio estas duas criaturas de Deus deixaram em nosso coração. Tenho perto de mim ainda um outro grande exemplo de pai, o vô Neu, que é o pai da Mari, minha esposa, e que acaba sendo meu "pai" agora, depois que meu primeiro pai se foi.

Também não tenho dificuldade alguma ao pensar em Deus como um amigo. Eu tenho muitos amigos, e verdadeiros. Gostaria aqui de citar o Newton, o Tércio, o Itamar, o Eli, o Moraes, o Albino, o Marcos, o Wagner, o Ricardo, o Alfredo, o Ariosto, o Rubinho, o Alberto, o Alcy, o Davi, o Divino, o Carlos, o Dani, o Oliveira, o Edinho, o Ivonil, o Sérgio, o Jairo, o Jaime, o Toninho, o Zaneti, o Lavrado e o Jonas.

O Sidney, o João, o Marcelo, o Cabral, o Prioli, o Cláudio, o Pinto, o Lauro, o Erlo, o Alexandre, o Alex, o Marcio, o Douglas, o Marcos, o Victor, o Magro, o Hugo, o Vitor, o Armando, o Sílvio, o Nelson, o Juninho, o Adalton, o Didi e o Josué.

O Wladimir, o Otávio, o Denio, o Tarsis, o Chacrinha, o Jajá, o Aimir, o Patão, o Jeferson, o Ronaldo, o Edson, o João Carlos, o Eduardo, o Siloé, o Gerson e o Jader.

O Milton, o Jonas, o Wanderley, o Chico, o Mário, o Mauro, o Waldnilso, o Gê, o Raimundo, o Waldir, o Elcinho, o José, o Domingos, o Nata, o Paulo, o Ivan, o Clayton, o Neo, o Ademir, o Bolinha, o Jimmy, o Rubens, o Enoc, o Frank, o Robson, o Gerardo, o Gilmar, o João Carlos, o Martinho, o Edson, o Homero e o Ariney.

O Chaguri, o Nadim, o Curi, o Nassif, o Karim, o Nielsen, o Carin, o Quislon, o Alexandre, o Sirlei, o Guilherme, o Onishi, o Edson, o Gilberto e o Rivaldo.

O Barrozo, o Wilson, o Nivaldo, o Josafá, o Sandro, o Anderson, o Tiago, o Abraão, o Paulinho, o Ivanzinho, o Guilherme, o Rodrigo, o Diego, o Pedro Henrique, o Neto, o Pedroca, o Harry e o Leonardo.

O Álvaro, o Vanderlei, o Remegildo, o Otamar, o Manoel, o Ariovaldo, o Nelson, o Cléo, o Claudemir, o Toninho, o Zaneti, o Benê, o Acílio, o Alcides, o Elnio, o Luis Carlos, o Jorge, o Elcimal, o Eliaquim, o Cláudio, o Euler, o Onishi, e muitos e muitos outros, muitos mesmo.

Sem mencionar as mulheres como a Angelina, a Verônica, a Ana, a Beck, a Leny, a Paula, a Solange, a Rosinha, a Silvana, a Bete, a Iris, a Zezé, a Liliam, a Shirley, a Rosane, a Naila e a Ive.

A Mary, a Anne, a Lícia, a Gê, a Samira, a Sara, a Leila, a Mara, a Melissa, a Dirce, a Ciba, a Vanessa, a Keila, a Queila, a Silvana, a Miriam, a Rute, a Vera, a Ione, a Bete, a Iveline, a Paulina, a Bê, a Isabela, a Albenir, a Tetéia e a Noemi.

A Albina, a Alessandra, a Regina, a Raquel, a Jussara, a Bianca, a Giovana, a Letícia, a Érica, a Aninha, a Heloisa, a Flavinha, a Josi, a Cristina, a Elizete, a Wanda, a Mariza, a Lu, a Ada, a Thais, a Janete, a Sandra, a Sonia, a Maria e tantas outras.

Gostaria de registrar os nomes de todos os amigos e as amigas. Se o fizesse, é possível que a lista não acabasse. Como não posso, vou deixar um espaço para que seu nome esteja no livro. Por favor, escreva-o aqui com letras de forma, ______________________________.

Ter amigos é algo muito importante. Roberto Carlos, o grande astro brasileiro da música, queria ter um milhão de amigos. Eu não sei se ele conseguiu, mas eu os tenho.

Pode ser até que você diga assim: mas o meu pai não é um bom exemplo de pai. Ou ainda: eu não tenho nenhum grande amigo de verdade.

Por outro lado, mesmo que você esteja agora se perguntado isso, pelo menos de uma coisa você e eu temos certeza: nós temos em mente o pai ideal, o amigo ideal.

Bom, de uma maneira ou de outra, a seguir você terá a oportunidade de afastar o véu e então descobrir uma a uma as faces de Deus que estão retratadas nesta obra.

Meu anseio maior é mostrar a você os Retratos do Salvador.

Eu sei que não é qualquer artista que tem a capacidade de pintar retratos de Deus. Mas alguns iluminados fazem isso com maestria.

Lembro-me de estar dirigindo uma semana de oração na cidade de São Carlos, no interior de São Paulo. No dia do encerramento estava cantando para nós a Alessandra Samadello, que no meu entender é uma das mais brilhantes cantoras evangélicas do mundo. Acompanhava-a o seu esposo, o maestro Ariney de Oliveira. Naquele dia eu preguei sobre as intervenções divinas nas vidas humanas. Meu tema geral era: Retratos do Salvador. O irmão "Pico" havia pintado para mim o tema, num lugar bem destacado da igreja. Quando terminei o sermão, o Ariney disse: posso fazer uma música com esse tema? Eu não apenas disse sim, mas também fiquei feliz e emocionado. Ele então se encaminhou ao piano, e num instante escreveu umas palavras, executou uns acordes e a Alessandra começou a cantar alguns trechos da nova música, que logo seria gravada e está num de seus CDS com este título: "Retratos do Salvador".

Eu sinto um prazer enorme sempre que posso pregar acerca de Jesus, e com o mesmo fervor de sempre vou mostrar a você a partir de agora, As Faces de Deus, os Retratos do Senhor. É como se fosse um pequeno álbum de fotografias.

Siga comigo e no final você também dará louvores a Deus por tantas revelações maravilhosas. Abra seu coração para que nada, nem mesmo o preconceito lhe atrapalhe.

Vire a página e dê uma olhadinha no primeiro retrato.

Capítulo 1

A face da MISERICÓRDIA

Se conhecêssemos um pouquinho mais de Deus, descobriríamos que as misericórdias do Senhor são maiores do que podemos imaginar. Concluiríamos que são intermináveis porque se renovam a cada manhã.

A Face da Misericórdia

O primeiro retrato de Deus que me vem à mente é a Sua face de misericórdia.

Esta não é uma foto dois por dois, ou três por quatro. Este retrato de Deus seria melhor entendido se fosse comparado a um *outdoor*, porque a misericórdia de Deus é muito grande. Pense em algo bem grande; é maior ainda. Pense na grandiosidade do mar; é maior ainda. Pense na imensidão do céu; é maior ainda. É muito maior do que nossa mente possa imaginar.

Só para você começar a raciocinar, escute bem o que vou dizer: no céu estarão pessoas que nunca souberam do sacrifício de Jesus. Tanto que essas pessoas vão perguntar: ***"Que feridas são estas nas tuas mãos"?*** Zacarias 13:6. O céu será um lugar de inúmeras surpresas. Dentre elas, destaco apenas três: a) Você e eu estarmos lá; b) Encontrar pessoas que achávamos que não estariam lá; c) Não encontrar pessoas que acreditávamos que estariam lá.

Não deixe a idéia das surpresas desviar o seu foco. A misericórdia de Deus é muito, mas muito, muito grande.

Para que tenhamos um relacionamento verdadeiro com Deus, precisamos vê-Lo como o Deus da misericórdia. Jamais alguém conseguirá relacionar-se corretamente com Deus, a menos que O conheça. E para conhecê-Lo temos que primeiro nos encontrar com Sua misericórdia. Eu afirmo a você que Deus tem muitas maneiras de se apresentar a nós, Seus filhos e filhas. São as faces de Deus. E é bem provável que a misericórdia seja a primeira das faces de Deus no Seu trato para com os seres humanos.

Os primeiros líderes que viveram neste Planeta descobriram a misericórdia de Deus. Moisés, que liderou o povo de Deus, que saiu do Egito para a terra de Canaã, proclamou a misericórdia de Deus em Êxodo 34:6, dizendo: ***"Deus compassivo, clemente e longânimo e grande em misericórdia e fidelidade".*** E renovou sua convicção a respeito da misericórdia de Deus quando afirmou: ***"O Senhor teu Deus, não te desamparará, porquanto é Deus misericordioso".*** Deuteronômio 4:31.

Neemias, que liderou a reconstrução do templo em Jerusalém, em sua oração intercessória declarou: ***"Ó Deus, perdoador, clemente e misericordioso, tardio em irar-se e grande em bondade".*** Neemias 9:17.

O salmista Davi, grande rei, pastor e cantor de Israel conheceu de perto a misericórdia do Senhor e assim escreveu e cantou: ***"O Senhor é misericordioso e compassivo; longânimo e assaz benigno. Não repreende perpetuamente, nem conserva para sempre a sua ira".*** Salmo 103:8-9.

Jonas, o profeta fujão. Arrependido, conseguiu mudar a história de uma cidade inteira, no ventre de um grande peixe descobriu na prática a grande misericórdia do Senhor nosso Deus. ***"Eu sabia que és Deus clemente, e misericordioso, e tardio em irar-se e grande em benignidade e te arrependes do mal".*** Jonas 4:2.

Estas são algumas das muitas declarações a respeito da misericórdia de Deus. Não há tempo suficiente para mencionar outras tantas.

As misericórdias de Deus se estendem por muitas gerações, em favor dos que O amam. Veja o que está em Êxodo 20:5-6, ***"Eu sou o***

Senhor teu Deus, Deus zeloso, que visito a iniqüidade dos pais nos filhos até a terceira e quarta geração daqueles que me aborrecem e faço misericórdia até mil gerações daqueles que amam e guardam os meus mandamentos". Um outro texto diz que Suas misericórdias são renováveis: Lamentações 3:22-23, ***"As misericórdias do Senhor são a causa de não sermos consumidos, porque as Suas misericórdias não têm fim; renovam-se a cada manhã".***

Tenho afirmado algumas vezes que Deus não nos trata com justiça. Espere aí, não se assuste. Não estou dizendo que Deus é injusto. É que se Ele nos tratasse apenas com justiça, nós já estaríamos todos destruídos. Digo que estaríamos destruídos uma vez que a Bíblia ensina que ***"o salário do pecado é a morte".*** Romanos 6:23 pp.

Como na natureza, quase sempre o remédio está pertinho da enfermidade. E com respeito a este assunto também é assim. No mesmo verso que fala que o salário do pecado é a morte, está também o antídoto divino para a morte: ***"mas o dom gratuito de Deus é a vida eterna em Cristo Jesus, nosso Senhor".*** Romanos 6:23 up.

Então como Deus nos trata? Ele nos trata com misericórdia e graça.

Com uma das mãos, a mão da misericórdia, Ele retira de nós o que nós merecemos que é a morte. ***"Porque o salário do pecado é a morte".*** Romanos 6:23 pp. Assim, com Sua mão de misericórdia Ele nos liberta da morte.

E com a outra mão, a mão da graça, Ele nos dá a vida que nós não merecemos. A continuação do texto acima diz assim: ***"Mas o dom gratuito de Deus é vida eterna em Cristo Jesus, nosso Senhor".*** Romanos 6:23 up. O que significa que com Sua mão de graça Deus nos concede a vida eterna.

Só um Deus movido pela misericórdia poderia fazer uma troca dessas.

A morte que nos pertencia, Ele sofreu por nós, para que nós pudéssemos receber a vida que Lhe pertence.

O resumo é o seguinte: Jesus morre em meu lugar para eu viver em Seu lugar.

Eu gostaria muito de entender plenamente isto para poder explicar a você com poder e sabedoria, mas diante de tão grande misericórdia as palavras desaparecem, e então só posso mesmo afirmar que Deus é maravilhoso.

E observe que não é uma troca justa! Não é como você dar o dinheiro e pegar um carro novo, ou passar o cartão de crédito e levar em troca uma roupa novinha.

Trata-se de algo maravilhoso, o mais significativo que existe neste Planeta, que é a vida; em troca da pior realidade também existente no Planeta, a morte.

Talvez você ainda não tenha percebido, mas tudo que uma pessoa possui, ela troca pela vida. E Deus oferece vida gratuitamente. Louvado seja o Senhor!

O outro lado também é verdadeiro, nada é mais temido do que a morte. E Deus a tira de nós. Glória ao Senhor do Universo, doador e mantenedor da vida!

Você já se aproximou do Deus da misericórdia alguma vez?

Como você deve saber, eu tive o privilégio de nascer numa família cristã. Os filhos nascidos numa família cristã têm uma dificuldade que os que se tornam cristãos, depois de jovens ou adultos, não têm. Eles não sabem exatamente quando foi o momento de seu encontro com Jesus. Ao passo que as pessoas que passam por uma experiência de conversão, sabem o momento exato de seu encontro com o Senhor.

O fato de uma pessoa nascer numa família cristã não significa que por isso apenas ela seja cristã. É bom lembrar que gato que nasce no forno não é biscoito. O forno, especialmente aquele da fazenda, aquecido com lenha, é o lugar onde são assados os biscoitos, deliciosos. Um dia nossa gata criou seus filhotes dentro do forno. Nem por isso eram biscoitos! Eram gatinhos de verdade!

Todos devem passar pela experiência da conversão ou da aceitação de Jesus como Salvador.

Bem, isto posto, nasci e cresci num berço cristão. Se existe alguém que pode dizer que nasceu na igreja, esse alguém sou eu. Não é apenas um jargão, é uma verdade. Eu nasci em casa, não foi no hospital. E minha casa por muitos anos serviu como igreja. Assim, onde eu nasci era também a igreja, mas isso não me isenta e nem me isentou de ter uma experiência pessoal com Jesus. Louvado seja o Senhor, pois tal experiência aconteceu cedo na minha vida. Quando garoto ainda, tive meu primeiro encontro pessoal com Jesus. O encontro com o Senhor e a vida com Jesus é uma experiência real com Deus. Tudo isso ajuda na compreensão das verdades da Palavra de Deus, a Bíblia sagrada.

Por outro lado, mesmo você tendo uma experiência com Deus, muitos textos da Bíblia passam por um processo de amadurecimento. O que eu quero dizer é que a verdade é progressiva. Vamos conhecendo pouco a pouco a Palavra do Senhor, que vai se descortinando diante de nossa mente à medida que vamos estudando a Bíblia, com oração e devoção.

Quase todos nós saímos de uma cultura religiosa onde é preciso dar alguma coisa em troca da salvação. Por isso as penitências, as indulgências, pagar por uma coisa ou por outra. E o que dizer das falsas religiões que se aproveitam da boa fé para vender as bênçãos de Deus. A despeito de nossa cultura de pagar por tudo, não há nada que possa ser dado pelo homem em troca da salvação, que é um dom da graça de Deus.

Havia um homem muito dedicado que se sentia triste, pois queria fazer mais por seu Senhor. Embora servisse com todo ardor, e estivesse empenhado em grandes obras para Deus, ele queria fazer mais ainda. Ele cria que sua salvação eterna dependia apenas da quantidade de boas obras. Um dia ele leu o que está escrito em Mateus 11:28-

30, ***"Vinde a mim, todos os que estais cansados e sobrecarregados, e eu vos aliviarei. Tomai sobre vós o meu jugo e aprendei de mim, porque sou manso e humilde de coração; e achareis descanso para a vossa alma. Porque o meu jugo é suave e o meu fardo é leve".*** Naquele dia sua mente se abriu para compreender o que significa depositar o fardo sobre o Senhor Jesus e sua vida mudou. Continuou servindo ao Senhor, só que a partir daquele momento era um serviço por amor, com alegria e gratidão.

Quando descobrimos as belezas do caráter de Jesus nossa vida muda.

Vão-se os temores e a paz de Deus que excede todo entendimento guarda o coração e a mente. Nós precisamos aprender o que significa depender da misericórdia de Deus. É necessário depositar nEle toda a nossa confiança. Não podemos confiar em nós mesmos. Por melhor que sejamos, em termos de salvação não somos confiáveis.

Eu amo olhar a misericórdia de Deus. Sua misericórdia renova, restaura, faz renascer. É por Sua misericórdia que temos sempre uma segunda chance. É a misericórdia de Deus que me torna um filho amado. Poderia definir a misericórdia como a "música da alma" de Deus. A misericórdia é a "cor da face" do Infinito.

Eu citei há pouco, alguns líderes do passado que retrataram de alguma forma a misericórdia de Deus. Você sabia que se não fosse a misericórdia do Senhor, esses mesmos líderes citados estariam perdidos?

Vou descrever apenas dois dos exemplos citados anteriormente: Davi e Jonas.

Veja como Deus tratou com Davi. Davi era um garoto ainda quando Deus o chamou para ser rei. Ele havia destruído um leão e um urso. Era o menor da casa de seu pai Jessé.

Foi um grande rei; se não o principal, um dos principais, pelo menos; solidificou o reino, foi poderoso nas conquistas, e ainda sobrou tempo para compor muitos cânticos, ou salmos.

Embora Davi tenha cometido pecados escandalosos, a misericórdia do Senhor o alcançou. Seus pecados hoje causariam espanto em qualquer comunidade religiosa.

Desejou uma mulher que pertencia a outro homem. Não apenas desejou, mas também a possuiu. Pior ainda, mandou matar o marido dela para tentar remediar a situação.

Um profeta apareceu e confrontou o monarca, que arrependido clamou pelas misericórdias de Deus. Quem não leu ainda o Salmo 51? ***"Compadece-te de mim, ó Deus, segundo a tua benignidade; e, segundo a multidão das tuas misericórdias, apaga as minhas transgressões. Cria em mim, ó Deus, um coração puro e renova dentro em mim um espírito inabalável. Não me repulses da tua presença, nem me retires o teu Espírito Santo. Restitui-me a alegria da tua salvação e sustenta-me com um espírito voluntário".*** Salmo 51:1, 10-12.

O mesmo profeta, Natã, que viera trazer a condenação de Deus, foi usado pelo Senhor para transmitir o perdão a Davi. ***"Também o Senhor te perdoou; não morrerás".*** II Samuel 12:13.

Quando eu digo que a misericórdia de Deus restaura, renova ou faz renascer, eu estou afirmando baseado nos atos de um Deus que sempre nos dá uma nova oportunidade, uma segunda chance. E não é uma segunda chance do ponto de vista numérico, é uma segunda chance mesmo, porque cada vez que Deus nos perdoa é como se nunca tivéssemos pecado. Assim, cada vez, será sempre a segunda chance.

O Deus da misericórdia chamou Davi de ***"Homem segundo o meu coração".*** Atos 13:22.

O outro exemplo que eu prometi destacar trata-se de Jonas.

Jonas era um profeta verdadeiro, um profeta de Deus. Ele ouvia a voz de Deus e fazia a Sua vontade. Havia nos seus dias uma cidade chamada Nínive, que por sua corrupção estava para ser destruída. E Deus não deseja a morte, nem mesmo para os ímpios. ***"Tão certo como eu vivo, diz o Senhor Deus, não tenho prazer na morte do perverso, mas em que o perverso se converta do seu caminho e viva".*** Ezequiel 33:11.

Assim, Ele enviou Jonas para chamar o povo da cidade ao arrependimento. A pregação foi um sucesso absoluto e a cidade inteira se arrependeu e se converteu. Todos foram vestidos de pano de saco, inclusive os animais. Poderíamos dizer que nenhum evangelista teve tanto êxito em suas campanhas quanto Jonas. Jonas alcançou a marca de 100%. Aliás, este é o único registro que temos de conversão onde todos foram alcançados.

Mas como é a história de Jonas?

Antes de chegar a Nínive, Jonas fugiu com medo da responsabilidade.

Foi para outro lugar. E enquanto fugia, veio sobre o mar grande tempestade, de tal maneira que os marinheiros acreditaram piamente que iam ser tragados pelo mar. Lançaram sorte para ver sobre quem pesava o castigo, e não deu outra, Jonas foi sorteado. Confessou ser hebreu e servo do Senhor, e que estava fugindo de uma missão que Deus lhe confiara. Então, na intenção de acalmar a tempestade, os homens o lançaram ao mar.

Deus, em Sua infinita misericórdia, enviou um grande peixe, que engoliu Jonas, e permaneceu ele no ventre do peixe três dias e três noites. De dentro do peixe Jonas clamou a Deus e Deus o ouviu.

"Falou, pois, o Senhor ao peixe, e este vomitou a Jonas na terra". Jonas 2:10.

Deus falou novamente com Jonas e agora então, ele obedeceu sem pestanejar. A cidade inteira se converteu. Deus poderia ter enviado outro profeta, mas o plano de Deus é, através de Sua misericórdia, nos redimir e nos dar uma nova oportunidade. Jonas aproveitou a segunda chance.

A diferença entre Deus e nós é que em Sua misericórdia, Ele nos faz renascer. Nós não temos disposição alguma para conceder uma segunda chance, mesmo que seja numericamente, isto é: apenas uma a mais.

Embora eu não consiga descrever em sua plenitude, a misericórdia de Deus faz um bem enorme ao meu coração. É bom demais saber que Deus me quer bem. É mais ou menos como se Ele, Deus, agisse para que tudo convergisse para você e para mim. Parece até que Deus nos torna o centro das atenções. Tudo é por nós e para nós.

Deveríamos nos sentir felizes e importantes, porque Deus nos cerca com Sua misericórdia, que chega até nós das mais variadas maneiras.

Pense comigo: não é maravilhoso conhecer esta Face de Deus?

Eu quero dizer a você que levo em meu coração este retrato de Deus, esta "imagem" do Senhor.

Que a misericórdia de Deus alcance agora o seu coração!

Louvado seja o Deus da misericórdia!

Capítulo 2

A face da GRAÇA

O sonho de todo ser humano que enfrenta lutas e aflições é ouvir a voz do Senhor dizendo: a minha graça te basta.

A Face da Graça

Depois de tratar da misericórdia de Deus, que é o primeiro retrato do álbum, desejo agora mostrar a você o segundo, porém não menos significativo, o retrato da graça. Esta fotografia da face de Deus apresenta-O como o iniciador da salvação. A graça é o principal dos dons de Deus para nós. Digo que é o principal dos dons, porque todos os dons, todas as coisas boas, partem de Deus para nós. ***"Toda boa dádiva e todo dom perfeito são lá do alto, descendo do Pai das luzes, em quem não pode existir variação ou sombra de mudança".*** Tiago 1:17.

Quando observado do ponto de vista certo, este retrato traz consigo a paz que alcança o coração. Retrata algo que é difícil de ser explicado, porém que ilumina trechos da nossa história pessoal.

Descubra as belezas do retrato da graça!

Paulo em Efésios 2:8, diz: ***"Porque pela graça sois salvos, mediante a fé; e isto não vem de vós; é dom de Deus".***

Não é possível olhar para Deus sem perceber a graça do Senhor. Eu gosto de pensar que <u>a graça é a fonte</u> da salvação.

Por outro lado, a Bíblia afirma também que somos salvos pelo sangue. Romanos 5:9 diz assim: ***"logo, muito mais agora, sendo justificados pelo seu sangue, seremos por ele salvos da ira".***

<u>**O sangue é o meio**</u> pelo qual Deus escolheu tornar os benefícios de Sua graça acessíveis ao pecador. ***"O sangue de Jesus Cristo, Seu Filho, nos purifica de todo o pecado".*** I João 1:7

Os que estarão na eternidade, diz a Escritura, são aqueles que lavaram as suas vestiduras no sangue do Cordeiro. Eu só conheço um meio de salvação – Jesus.

Somos salvos também pela fé. Como está em Romanos 3:28, ***"Concluímos, pois, que o homem é justificado pela fé".*** E mesmo a fé é um dom de Deus. Deus distribuiu fé para todas as pessoas. Em Romanos 12:3, está escrito: ***"Pense com moderação, segundo a medida da fé que Deus distribuiu a cada um".***

Poderia dizer que <u>**a fé é o método**</u> correto para apropriar-nos da salvação oferecida gratuitamente.

Concordo plenamente que é um dom da graça de Deus, que é preciso ter fé para se apossar das bênçãos e que de nada adiantaria tudo isso não fosse o sacrifício do Senhor Jesus, na cruz do Calvário, uma vez que Ele é nossa propiciação.

Entretanto, eu desejo agora colocar um ingrediente a mais neste assunto da salvação.

Trata-se de um detalhe a mais. E o detalhe tem a ver com as obras.

Quando vamos a Tiago, descobrimos que as obras significam alguma coisa. E ele, Tiago, apresenta esta questão de uma maneira tão simples que qualquer pessoa pode entender.

Você deve concordar comigo que Abraão, o patriarca, é conhecido como o pai da fé, certo?

Bem, Tiago usa exatamente este exemplo, que é talvez o maior exemplo de fé que nós conhecemos.

Para que Tiago usa Abraão? Qual a finalidade? Para dizer que as obras têm o seu lugar. Ele afirma que o ato de Abraão oferecer Isaque, seguindo a ordem do Senhor, portanto um ato, uma obra, mostrou que sua fé podia se avaliada e que não era morta. Tiago está tentando dizer que a fé leva o seu possuidor à ação.

"Não foi por obras que Abraão, o nosso pai, foi justificado, quando ofereceu sobre o altar o próprio filho, Isaque? Vês como a fé operava juntamente com as suas obras; com efeito, foi pelas obras que a fé se consumou, e se cumpriu a Escritura, que diz: Ora, Abraão creu em Deus, e isso lhe foi imputado para justiça; e: foi chamado amigo de Deus". Tiago 2:21-23.

Tiago ainda usa um outro exemplo para solidificar sua apresentação.

"De igual modo, não foi também justificada por obras a meretriz Raabe, que acolheu os emissários e os fez partir por outro caminho? Tiago 2:25.

Aí então, Tiago faz sua conclusão: ***"Verificais que uma pessoa é justificada por obras e não por fé somente. Porque, assim como o corpo sem espírito é morto, assim também a fé sem as obras é morta".*** Tiago 2:24 e 26.

Assim podemos concluir que <u>as obras são o resultado</u> da salvação.

Veja o resumo para compreender melhor:

A graça de Deus é a fonte da salvação. A salvação é um dom da graça de Deus.

O sangue de Cristo é o meio pelo qual a graça nos alcança.

A fé é o método através do qual nos apropriamos das bênçãos da salvação.

E finalmente as obras são os resultados de que em Jesus fomos transformados e nos tornamos novas criaturas, conforme diz Paulo em II Coríntios 5:17.

Em outras palavras, seria o mesmo que dizer que a salvação passa por quatro estágios. Partindo do Trono da Graça de Deus, passando pelo Calvário, alcançando a Fé que Deus plantou em nossa mente e finalmente nos conduzindo a uma vida de serviço ao Senhor.

É maravilhoso quando descobrimos a graça de Deus. Nela confiamos e dela dependemos.

Mesmo assim, muitas pessoas ainda não conseguem compreender.

Há barreiras enormes que precisam ser desfeitas, muros muito altos a serem derribados, preconceitos a serem vencidos e outros ruídos mais.

Quanto devo pagar para ser salva? Foi a pergunta de uma senhora numa das minhas apresentações. Nada senhora, respondi com carinho e atenção. Por que então as igrejas pedem tanto dinheiro pastor? Protestou ela. Não sei, disse, pois nunca perguntei aos pastores dessas igrejas porquê pedem tanto dinheiro. Acredito piamente que muitos têm transformado a religião em comércio, a fé em produto e a salvação em futilidade.

Todavia a salvação nunca foi alcançada por méritos humanos. Nunca foi, não é e nunca será.

Quando tentamos comprar, ou vender a salvação, estamos fazendo o que Adão e Eva fizeram no Jardim, logo após o pecado. Tentando usar folhas de figueira para encobrir a nudez. O Apocalipse, falando dos bem-aventurados, na terceira das sete bem-aventuranças, diz: ***"Bem-aventurado aquele que vigia e guarda as suas vestes, para que não ande nu, e não se veja a sua vergonha, ou nudez"***. Apocalipse 16:15.

E veja que quando o Senhor apareceu no Éden por volta da viração do dia para se relacionar, conversar, passar algum tempo com Adão e Eva, mesmo estando eles cobertos com as folhas de figueira, se esconderam porque se sentiram nus. Assim nos sentimos quando tentamos conseguir a salvação pelos nossos próprios métodos.

Salvação pelas obras e não pela graça é um assunto tão antigo quanto o ser humano. Foi Lúcifer quem inventou essa teoria.

Deus disse para não comerem do fruto, que se comessem morreriam. O diabo através da serpente, disse que não morreriam. Eva acreditou e comeu do fruto proibido e deu do fruto para o seu marido, e ele comeu também.

Então começou a teoria de salvação através das obras pessoais ou humanas – cobrir-se com folhas de figueira.

Só existe uma vestimenta capaz de nos cobrir da nossa nudez causada pelo pecado, e esta vestimenta é a justiça imaculada do Senhor Jesus, que venceu em todas as áreas. Ele sim oferece para você e para mim a única vestimenta capaz de nos envolver plenamente. Porque Sua justiça não é uma capa para encobrir o pecado e sim uma pessoa para viver no coração, afugentando o pecado e seus malefícios. Por isso o profeta Jeremias o chama de ***"O Senhor justiça nossa".*** Jeremias 23:6.

Meu desejo é que sua vida fique cheia da graça de Deus. Por que? Porque quando nossa vida é inundada pela graça de Deus, então, e só então, passamos a entender o amor de Deus. Sem a compreensão da graça nada mais tem significado, uma vez que a graça de Deus é o ponto de partida.

Basta apenas olhar para um dos textos mais conhecidos da Bíblia para chegar a esta conclusão: ***"Porque Deus amou ao mundo de tal maneira que deu o seu Filho unigênito, para que todo o que nele crê não pereça, mas tenha a vida eterna".*** João 3:16.

Muitos dizem que este é o verso áureo da Bíblia. Mesmo que você não concorde, este é um dos versos mais lindos de toda a Palavra de Deus. Ele fala do amor e também fala da graça. Deus deu. Deu o melhor, deu o Filho, deu tudo. Este é o verdadeiro significado da graça. E a graça se reveste de um fulgor magnífico quando compreendemos que Deus deu para quem não merecia.

Graça é favor imerecido. Todas as coisas, todas mesmo, vêm depois da graça. Não fosse a graça não haveria sacrifício, não existiria fé e muito menos obras de justiça.

Deus está tentando, com Sua graça, alcançar seres que de outra forma não seriam alcançados jamais. Em nossa rebeldia, fomos tão longe, mas tão longe, que sem a graça jamais seríamos alcançados.

Por que Deus faz tanto esforço por nós? Existe em nós algo que nos torna importantes? Para nós não, mas para Deus sim. Porque Deus é amor. O amor é o motivador.

Se raciocinarmos do ponto de vista do homem, vamos descobrir que somos um pequeno grão de areia em alguma praia por aí. Porém, se olharmos do ponto de vista de Deus, vamos descobrir que somos Seus filhos e filhas, e isso faz toda a diferença.

Nada é tão significativo como ser filho de Deus. Quando Deus olha para um de nós Ele não vê o grão de areia que somos, Ele vê o filho ou a filha que Ele tanto ama.

Bem, mas o retrato do amor é assunto do próximo capítulo.

Vire a página e contemple com alegria a próxima foto de Deus, que mostra Sua face de amor.

Capítulo 3

A face do AMOR

O amor é o maior de todos os dons. Nada é capaz de superá-lo. Ninguém está preparado para dominá-lo. Porém, qualquer que estiver disposto, pode vivê-lo. Você e eu podemos senti-lo, porque impossível é resistir-lhe o fascínio.

A Face do Amor

Este retrato de Deus, a Sua face de amor, é talvez a mais bela imagem que podemos reproduzir.

O amor é considerado pelos homens como o maior dos sentimentos.

Eu pessoalmente não aceito a idéia de que o amor seja um sentimento, porque eu conheço o que está escrito em I João 4:8, ***"Aquele que não ama não conhece a Deus, pois Deus é amor".*** Partindo deste texto bíblico, que tenho certeza absoluta ser inspirado, concluo que o amor não é sentimento, mas o amor é uma pessoa, o amor é Deus.

No entanto, se pensarmos como a maioria pensa, poderemos concluir que o maior dos sentimentos, o amor, tem sua origem em Deus.

Jamais nesta vida vamos conseguir penetrar a profundidade do amor, porque jamais vamos conseguir alcançar a altura dos pensamentos de Deus.

Embora não consigamos alcançar tal grandiosidade, é possível pelo menos entender um pouquinho de como Deus nos trata.

Em primeiro lugar permita-me colocar que foi Deus quem nos criou. Seguindo o raciocínio bíblico, Adão e Eva foram feitos pela própria mão de Deus. Imagine o Senhor, com carinhoso e infinito amor, se abaixando, ou se ajoelhando para modelar com Suas amorosas mãos o primeiro homem. O que você e eu não conseguimos atingir é que naquele exato momento em que o próprio Jesus formava o homem, Ele sabia que um dia, num futuro distante, as mãos dos homens maldosamente se voltariam para pregar as Suas próprias mãos numa cruz. De alguma maneira a criação e o calvário se misturam, pois Cristo Jesus, o Criador, foi morto desde a fundação do mundo, conforme Apocalipse 13:8.

Para você começar a entender um pouco do grande amor de Deus, pense no seguinte: o fato de o Senhor ter divina onisciência fez com que Ele sentisse o momento do Calvário, e ainda assim, o Senhor não parou de criar. Debaixo dessa nuvem que envolvia o calvário, Jesus soprou nas narinas de Adão o fôlego de vida sabendo muito bem, que este ato criativo O privaria um dia, por um pouquinho de tempo, de Seu próprio fôlego. Assim, você pode começar a pensar na grandiosidade do amor de Deus. Não dá pra medir, não é possível avaliar, penso e concluo que é muito elevado para alcançar.

Quando lemos João 3:16, que diz: ***"Porque Deus amou ao mundo de tal maneira que deu o Seu filho unigênito, para que todo aquele que nele crê não pereça, mas tenha a vida eterna",*** mergulhamos num oceano de amor tão grande que não dá pra ver sequer o horizonte.

Não peço a você que compreenda o amor de Deus. Meu pedido é apenas para que o aceite e nada mais. Lembro-lhe agora que Deus ama você de qualquer jeito. Se você O ama, Ele o ama, e mesmo que você não O ame, ainda assim Ele continua amando você. Uma única coisa posso lhe afirmar: você nunca vai conseguir fugir do amor de Deus.

No capítulo que trata da face do companheirismo, vou abordar um pouquinho o Salmo 139 e você verá que é impossível escapar do amor de Deus.

Quando falo sobre o amor de Deus, muitas histórias bíblicas povoam a minha mente, mas quase sempre, meus pensamentos são atraídos para o episódio da mulher apanhada em adultério. Conhecida apenas como a mulher pecadora.

Alguns pensam que se trata de Maria Madalena, mas não é a Maria de Magdala. Outros ainda ensinam tratar-se de Maria a irmã de Marta e Lázaro, os amigos de Jesus, mas não é ela também. Quando se faz um estudo minucioso é possível entender que a Maria, irmã de Marta e Lázaro é a mesma Maria de Magdala ou Maria Madalena, no entanto não podemos confundir as Marias. O capítulo 8 de João trata apenas de uma mulher, nada além de uma mulher, e nem sabemos o seu nome.

É bem provável que o nome da mulher tenho sido suprimido pela sabedoria divina e não por esquecimento dos homens.

Bom, independente de quem seja a pessoa, a história é uma história real que mostra um lado de Deus que nos alegra muito. Este retrato mostra como Deus em Seu infinito amor, trata os que erram. Como todos nós já erramos muitas vezes e alguns de nós ainda permanecemos no erro, este tema faz muito bem ao nosso coração.

Permita-me retratar alguns trechos da história:

Era uma manhã ensolarada que se desenhava tranqüila e calma. Jesus havia passado a noite em oração no Monte das Oliveiras. Parece até que este era um de seus lugares preferidos. Jesus sabia que só poderia cumprir Sua missão, se vivesse uma vida de constante comunhão com o Pai. Sua comunhão era tão grande que um dia Ele disse: ***"Eu e o Pai somos um".*** João 10:30.

Logo pela manhã voltou para o templo, em Jerusalém e o povo ia ter com Ele para ouvir Sua pregação.

E num momento, inesperadamente aparecem alguns escribas e fariseus trazendo consigo uma mulher, que segundo eles fora apanhada em adultério.

Ao chegarem diante de Jesus fazem a pergunta: ***"A lei de Moisés ordena que tais mulheres sejam apedrejadas; e tu, o que dizes?*** João 8:5.

Eles estavam mais preocupados em criar uma situação embaraçosa para Jesus do que em cuidar da lei de Moisés. Certamente eles buscavam uma oportunidade para que pudessem acusar Jesus de alguma coisa.

Os escribas eram os que cuidavam da escrituração, manuseio e segurança do texto sagrado. Os fariseus eram componentes de uma seita cujos participantes se julgavam mais dignos, mais justos e melhores que os demais.

Jesus não respondeu à pergunta. Apenas abaixou-se para escrever na terra. O que foi escrito ninguém sabe. Pode ser que tenha escrito um trecho da lei de Moisés ou então pode ter escrito alguns dos pecados dos acusadores. Interessante que quando Jesus disse que quem não tivesse pecado poderia atirar a primeira pedra, todos eles se retiraram.

Se nós tivéssemos um pouquinho de sensibilidade espiritual, ao lermos este texto poderíamos até ouvir o barulho das pedras caindo ao chão. Deve ter feito um barulho grande, evidentemente.

Imagine a cena. A mulher pecadora trazida para diante do Mestre, está ofegante ao chegar. Ninguém gosta de ser apanhado em alguma falta. Ela se parece mais com uma mariposa presa entre as mãos do que uma mulher. Se batendo sem parar. Os dentes cerrados, os lábios trêmulos. Os olhos lançando faíscas de ódio para com os acusadores.

E eles, os acusadores, o que queriam na verdade? Queriam preservar a lei e os bons costumes? Estavam preocupados com a mulher? Não, nada disso. E onde estava o homem que foi apanhado com ela? Pois eles disseram que foi flagrante adultério. Assim, deveria haver um homem também. Mas a preocupação não era a lei nem a mulher, nem nada. Queriam apanhar Jesus numa contradição de missão. Ou numa contradição da lei.

O que sobra depois das palavras de Jesus? Uma cena totalmente diferente. A mulher ainda está aflita, mas os acusadores foram embora.

Jesus continua calmo e olha lentamente para a pobre vítima do pecado, vítima de Satanás. Porque nós somos vítimas e nada mais.

O único que poderia atirar a primeira pedra era Jesus. Se deveria ser atirada por quem não tinha nenhum pecado, Ele poderia atirar. ***"Ele foi tentado em todas as coisas, à nossa semelhança, mas sem pecado".*** Hebreus 4:15.

Mas justamente Ele, Jesus, não veio atirar pedras.

Jesus veio sim salvar. ***"Porque o Filho do Homem veio buscar e salvar o que se havia perdido".*** Lucas 19:10.

Diante das perguntas: onde estão os teus acusadores? Ninguém te condenou? A mulher responde ainda com medo, mas calmamente: Ninguém, Senhor!

Não existe nada mais sublime na vida do que passar por ela sem ser acusado, sem ser tripudiado, sem ser massacrado. A mulher sentiu naquele momento, ao responder a pergunta de Jesus, a sublimidade de ser deixada em paz. O que todo mundo quer neste mundo é apenas um pouquinho de paz, só isso.

Jesus ainda está olhando para a mulher e diz: "***Eu também não te condeno; vai e não peques mais".*** João 8:11.

Eu já ouvi muitos sermões sobre este texto de João 8:11. Muitos dos pregadores falam da última parte do verso: ***"vai e não peques mais".*** Estão preocupados apenas com o comportamento. Não conseguem se concentrar no perdão de Deus que é um fruto de Seu amor por nós.

Para mim, este é um dos textos que mais falam do amor de Deus. Porque fala do amor por uma pessoa qualquer. Não era alguém de expressão. Não era um oficial. Não era um homem rico. Era apenas e tão somente uma pecadora.

Jesus se levantou para defender uma pessoa que só merecia mesmo ser defendida do ponto de vista de Deus.

O amor de Deus muda completamente a vida das pessoas. Precisamos compreender que o maior de todos os poderes à disposição do cristianismo é o amor. O Amor é uma pessoa. O amor é Deus.

Observe agora a mudança completa na vida daquela mulher.

Não está mais com os lábios trêmulos, nem os dentes cerrados, nem os olhos faiscando de ódio. Não, agora ela está indo embora. Coração calmo, face tranqüila, cabeça leve, com alma lavada. Lavada por Jesus.

Lá, ao virar a esquina, ela olha pra trás, talvez para dizer obrigado a Jesus, mas as palavras não vêm. Apenas um nó na garganta, um sentimento de profunda gratidão se espalha por todo o seu ser.

Não há mais lágrimas nos olhos agora, mas um dia haverá. Pode ser que um dia as lágrimas apareçam. Talvez algum dia, olhando para os filhos, para o esposo, para uma família que ela não teria se Jesus não a tivesse amado a ponto de perdoar. As lágrimas virão ao se lembrar de como Jesus a amou. É provável até que ao amassar o pão para o café da manhã se lembre que Jesus é o Pão da Vida.

Tenho tentado compreender nos últimos anos que você e eu somos apenas vítimas, nada mais que vítimas do pecado, não somos os agentes do pecado.

Tenho procurado entender e ensinar que não pecamos porque queremos pecar. Sinto no fundo da alma um desejo de gritar que ninguém acorda de manhã e diz assim: hoje eu vou pecar muito, vou estragar a minha vida, vou estragar a vida da minha família, vou estragar outra família, hoje eu quero me envergonhar, hoje eu quero dar liberdade ao pecado no meu corpo.

A grande maioria não quer estragar a vida deliberadamente. Mas infelizmente nós tratamos as pessoas que erram como se elas tivessem premeditado tudo. Como se tivessem levantado de manhã e tomado a decisão de estragar tudo.

Quando será que vamos aprender com Jesus a tratar as pessoas que erram e cujos erros são aparentes ou visíveis?

Olha, não importa qual é sua posição na vida e na sociedade, mas vou fazer um pedido a você: trate as pessoas com mais amor. Trate-as com carinho, por favor, tente imitar Jesus pelo menos uma vez. Se deu certo com Jesus, penso que pode dar certo com você.

Uma pessoa que errou e cujo erro foi descoberto, jamais desejará ser pisada de novo. É preciso compreender o sofrimento de alguém que é confrontado com seu erro, com sua falha. Deus precisa ter misericórdia de alguns de nós, caso contrário, não iremos para a eternidade.

Este planeta está cheio de pessoas que diabolicamente se alegram pisando nos outros. Vivem apenas esperando uma oportunidade e quando descobrem uma falta, uma falha, um erro, um pecado, querem logo destruir a pessoa que errou.

Já vi muitos que viviam só espiando a vida dos outros para criticar e julgar, se tornarem vítimas de suas próprias teias.

Quem vive para acusar não é Deus, é Satanás. Apocalipse 12:10.

Outra coisa sumamente importante é que o julgamento pertence a Deus e Deus nos orienta a não nos envolvermos nesse assunto: ***"Não julgueis e não sereis julgados: não condeneis e não sereis condenados; perdoai e sereis perdoados".*** Lucas 6:37.

O que mais eu poderia dizer sobre o amor?

Poderia dizer que o amor é algo para ser vivido. Inclusive, Jesus deixou um mandamento que Ele chamou de novo: ***"Um novo mandamento vos dou, que vos ameis uns aos outros, como eu vos amei".*** João 13:34.

Cada vez que eu contemplo este Retrato de Deus, esta fotografia, Sua face de amor, sinto-me motivado a exercer o amor na minha experiência.

Parece mesmo que o que Deus deseja é que exemplifiquemos em nossa vida o Seu amor. Se manifestarmos o amor de Deus, todos conhecerão que somos discípulos de Jesus.

Concluo este capítulo fazendo um convite a você: olhe este retrato diariamente. Use um pouco de tempo diariamente para pensar no amor de Deus por você.

O que pode acontecer?

Vai acontecer que ao você passar tempo pensando em Jesus, meditando eu Seu amor, contemplando as cenas finais de Sua vida terrestre, sem perceber, você será transformado na própria imagem de Deus.

Verá seu amor aumentar, sentirá mais de perto suas próprias necessidades, verá o mundo com os olhos do próprio Deus, terá uma visão correta das coisas e das pessoas; enfim, você será completamente transformado.

É tudo que Deus deseja. Que você e eu reflitamos Seu caráter e Sua glória. Então, olhe mais para o retrato do amor de Deus!

Agora, saiba que isso tudo é possível, se mantivermos um relacionamento sadio com o Senhor.

Relacionamento se confunde com companheirismo, mas este o assunto do próximo retrato.

Então, vire a página, e vamos ver juntos.

Capítulo 4

A face do COMPANHEIRISMO

Você pode contar comigo sempre. Se um dia eu falhar, conto desde já com sua compreensão, pois também sou humano. Ao mesmo tempo, espero que você me ajude a não falhar, pois amparar você será sempre o meu prazer.

A Face do Companheirismo

Na introdução eu falei sobre a idéia de olhar a Deus como um pai ou como um amigo.

Sei também que nem todos podem tirar estas conclusões, uma vez que não tiveram uma imagem muito positiva do pai, a primeira pessoa com quem nós comparamos Deus.

Quem tem um pai de verdade tem mais possibilidades de compreender e amar a Deus.

Meu pai me transmitiu esta dádiva, este privilégio. Mesmo não sendo perfeito, pois nenhum ser humano é perfeito, ele me deu o maior de todos os exemplos. Nunca vi meu pai irado. Nunca o vi gritando com minha mãe, nunca o vi falando mal de alguém e também nunca o vi aborrecido com Deus.

Parece até que ele não sabia levantar a voz. Porém, posso dizer quantas vezes o vi orar. Quantas vezes o vi enfrentar as lutas da vida com o peito aberto e com convicção. Houve ocasiões em que as colheitas não vieram. Tudo se perdeu. Faltou chuva no tempo certo. Aquele homem enfrentou muitas lutas. Ele nunca desanimou. Se um dia eu desanimar, não será pelo exemplo do meu pai. Ele foi leal e fiel até o fim. Leal e fiel à esposa, à família, à igreja, às suas convicções, às pessoas e, sobretudo a Deus.

Viveu feliz os seus dias, sabendo que a vida é um dom de Deus e deve ser vivida. Nos dias da mocidade era o violeiro preferido da região oeste do estado de São Paulo. Tocava a noite toda enquanto as pessoas bailavam e não repetia uma só musica. Passada a juventude, encontrou-se com Jesus após ouvir o programa A Voz da Profecia. E mesmo não sabendo ler e escrever encomendou para os filhos uma Bíblia grande e um livro intitulado O Desejado de Todas as Nações. Começou a manusear a Bíblia, e então um milagre aconteceu, nela aprendeu a ler. Depois de muito tempo freqüentou uma escola noturna para alfabetização de adultos, quando então completou um curso para ler e escrever.

Deixou de tocar as músicas dos bailes e passou a tocar as músicas da igreja. Tocava em seu violão todos os hinos do Hinário Adventista. Era comum ver o pai tocando. Dois dos irmãos herdaram a música do pai; o Domingos e o Clayton.

Meu pai era mesmo especial. Quando não estava tocando estava assoviando. Sua vida era uma música de louvor a Jesus. Assim foi a vida toda. Eu o vi assoviar muitas e muitas vezes.

Queria apenas destacar aqui que embora tenha aprendido a ler e a escrever já adulto, era um homem sábio. A sabedoria é mais que o conhecimento. A sabedoria é um dom de Deus. Tiago 1:5.

Sabedoria para educar nove filhos, e todos no caminho do Senhor. Parece que ele vivia num plano mais elevado que os demais. Eu tive a alegria de trabalhar com ele até o dia em que deixei a lavoura, e me mudei para uma cidade maior, a fim de me dedicar aos estudos.

Aprendi muitas matérias preciosas que não podem ser ensinadas nas salas de aulas. Um dia num arroubo de sapiência ele me chamou debaixo de uma grande árvore e disse: ***"Filho, as pessoas comuns vivem no mesmo nível dos problemas, as pessoas especiais, vivem acima e além dos problemas".***

Gravei aquela frase na mente e no coração. Hoje, eu sei que ele disse aquela frase para explicar uma situação.

Naquele ano ele havia prometido dar uma oferta para a construção da igreja quando a colheita chegasse. O que ocorre é que naquele ano a lavoura se perdeu por completo e não houve colheita.

Nós éramos pobres, de bens deste mundo, e meu pai possuía apenas três vaquinhas de leite. Como a colheita não aconteceu, ele vendeu uma das vaquinhas para cumprir com sua promessa. Ninguém lá em casa entendeu. Mas ele sabia o que estava fazendo.

Eu me lembro com saudade, quando fui levar a "mochinha" para a outra fazenda, para o novo dono.

Mas meu pai foi um amigo de Deus e sabia que podia confiar no Senhor plenamente.

No ano seguinte nós plantamos a mesma quantidade de terra. Meu pai sabia que o Deus que é companheiro não decepciona, não nega, não se furta ao ser provado.

Acredite, a colheita foi três vezes o que seria em um ano normal de boa colheita. Produziu para o ano anterior que não produzira, para aquele ano em curso e ainda para o ano seguinte.

Eu tive a alegria de ir buscar de volta a "mochinha", pois meu pai a comprou de volta.

Pode ser que para você esta história signifique muito pouco ou mesmo nada, mas pra mim é como um marco, pois eu aprendi com meu pai que Deus é um companheiro e tanto e Ele nunca falha.

Se meu pai não tivesse me ensinado qualquer outra lição, e eu tivesse aprendido apenas esta, sua vida não teria sido em vão.

Milhares e milhares de pessoas já foram abençoadas por Deus através das minhas pregações, e tudo porque meu pai criou uma base sólida em minha mente para que eu compreendesse Deus da maneira certa.

O que importa mesmo é que as lições ficam.

Vou parar de falar de meu pai dizendo que no sábado quatro de março de 1995 ele assoviou pela última vez. Segundo as informações que eu recebi, ele foi à igreja de manhã; após o almoço, como sempre fazia aos sábados, foi ver as filhas que residiam nas casas vizinhas e então voltou pra casa assoviando um hino. Meu irmão Clayton estava em casa, na sala. O pai entrou assoviando, e bruscamente caiu no sofá, já sem vida. Meu irmão não lembra a música, mas num sonho eu vi meu pai entrando em casa assoviando o hino ***"Sob Seu amor me reclino e descanso, inda que noite, confiante eu estou. Sob Suas asas vou sempre abrigado, fui redimido e Seu filho já sou. Descansarei, descansarei, sob Suas asas benditas, sob Seu amor, a paz gozarei, paz e alegria infinitas".***

O verdadeiro cristão vive como se estivesse na presença de Deus. Compreende plenamente que Deus é o melhor dos companheiros. Sabe como ninguém viver em paz em meio às tormentas da vida. Florindo era assim. Ainda posso vê-lo em minha mente, calmo, sereno, tranqüilo e em paz, sempre.

Ele desfrutou da alegria do companheirismo de Deus.

Esse Deus, que é companheiro, está sempre perto. Sempre perto para ajudar, é claro! Espero que você aprecie este companheiro e lhe dê a chance de mostrar como Ele é. Como age e como atua.

Faz bem ao meu coração pensar que Deus, como companheiro, está sempre por perto. Eu posso precisar dEle a qualquer momento.

Ele prometeu: ***"E eis que eu estou convosco todos os dias até à consumação dos séculos".*** Mateus 28:20.

Foi o Senhor quem disse: ***"Não te deixarei, nem te desampararei".*** Hebreus 13:5.

A grande questão é: Por que Deus estaria sempre por perto?

Aqui está a chave para compreender a beleza do companheirismo de Deus.

Muitos pensam que Deus está sempre perto para policiar. Outros acham que Deus está sempre perto para se intrometer. Alguns há que acreditam que Deus está sempre perto para intimidar. Há ainda os que ensinam que Deus está sempre perto para julgar.

Parece-me que alguns vêem Deus como um juiz, que está sempre com a mão no bolso para tirar o cartão vermelho e nos colocar para fora do campo de jogo.

Eu fico até triste quando sei de pessoas que encaram assim a presença de Deus, mesmo porque tais idéias só trazem desconforto. E quando descobrimos que Deus está perto para ajudar, que seu companheirismo visa apenas e tão somente o nosso bem, então desejamos mais e mais a presença de Deus na nossa vida.

Veja alguns pequenos retratos de Deus como companheiro, sempre presente:

a) Deus está perto para socorrer. No caso de Pedro, quando andava por sobre as águas com Jesus. Ele, o Mestre, estava ali para socorrer, apenas para socorrer em caso de necessidade. E a necessidade apareceu, e ao primeiro grito por socorro ***"Jesus estendendo a mão, tomou-o".*** Mateus 14:31.

b) Deus está perto para aconselhar. No caso de Balaão, Deus estava ali para aconselhar. A princípio Deus disse para Balaão não ir com os mensageiros de Balaque, mas ele acabou indo. Não seguiu o conselho de Deus e o fim foi trágico, conforme Números 22 a 25. A grande verdade neste assunto é que Deus deseja apenas aconselhar Seus filhos e filhas. ***"Instruir-te-ei e te ensinarei o caminho que deves seguir; e, sob as minhas vistas, te darei conselhos".*** Salmo 32:8.

c) Deus está perto para guardar e cuidar. Eu gosto muito de um trecho do Salmo 139. No verso 5 está escrito: ***"Tu me cercas por trás e por diante e sobre mim pões a tua mão".*** Eu me atreveria a dizer que se trata de proteção total. Quero associar a este texto o que está escrito em Isaías 52:12, ***"O Senhor irá adiante de vós e o Deus de Israel será a vossa retaguarda".***

O companheirismo de Deus é tão real que afasta o medo. Você deve concordar comigo que vivemos num mundo de medos, não é mesmo? Pois é: a presença de Deus na nossa vida nos torna invulneráveis.

Recentemente tive o privilégio de dirigir uma semana especial aos estudantes e professores da Universidade Adventista em São Paulo.

Cada dia e cada noite abordando um assunto dentro do grande tema: ***"Não Tenha Medo".*** Foi uma semana de inspiração e alegria.

Apenas para que você tenha conhecimento, os temas foram os seguintes:

Não tenha medo – você é um vencedor.
Não tenha medo – seu nome está no mural.
Não tenha medo – você é bem-aventurado.
Não tenha medo – você é imbatível.
Não tenha medo – você tem virtudes.
Não tenha medo – você tem um Pai.
Não tenha medo – nada poderá nos separar do amor de Deus.

Há algo mais que o companheirismo produz. O companheirismo de Deus é tão verdadeiro que facilita na compreensão dos porquês da vida.

Penso que estou falando de algo que é comum a todos os seres humanos. Todos temos algumas perguntas a fazer.

Na maioria das vezes a grande pergunta é por que?

Por que isto? Por que aquilo? Por que é assim? Por que não é assado? Por que teria que ser assim? Por que comigo? Por que com a minha família? Por que com meu filho? Por que eu?

A presença do Senhor na nossa vida, Seu companheirismo, faz a diferença. Nem sempre temos as respostas, mas temos Sua companhia, que quase sempre, é mais que uma resposta.

Grandes homens de Deus tem sofrido muitas vezes, as vicissitudes da vida. Jó foi um destes modelos. Moisés também sofreu e até perguntou por que?

E você, em algum momento não entendeu o porquê? Algumas vezes as coisas não se encaixam e aí a gente sofre. Quando tudo sai diferente do planejado.

O que será do amanhã? E tantas outras perguntas não respondidas.

Vivemos no mundo do medo. O século 21 apenas começou e já é possível enumerar diversas catástrofes enormes.

Talvez, as mais marcantes até aqui sejam a destruição do *World Trade Center*, em Nova Iorque, no dia 11 de setembro de 2001, e o grande maremoto do final de 2004 conhecido como *Tsunami*.

No primeiro episódio, aviões seqüestrados por terroristas foram direcionados e atingiram as torres gêmeas, e morreram milhares de pessoas. Ficou a princípio a impressão que tudo estava terminado, mas a Nação Americana se uniu para resolver um de seus maiores problemas até então.

Na outra catástrofe, logo após o natal, ondas gigantes atingiram principalmente os países asiáticos. Foram dezenas de milhares de mortos. *Tsunami* é uma onda gigante gerada por distúrbios sísmicos, e possui alto poder de destruição quando chega à região costeira. A palavra vem do japonês: "tsu" que significa porto ou ancoradouro e "nami" que significa onda ou mar.

Como podemos então viver uma vida de tranqüilidade e sem medo?

O que sobra é o fato de que não há segurança em lugar algum do Planeta. Quando não são homens maus, que agem diabolicamente para destruir, a própria natureza afrontada e quase destruída pelo ser humano, em suas reações, provoca grandes tragédias. Nossa única e verdadeira segurança está no Senhor. Salmo 91:4. ***"Ele te cobrirá com as suas penas e debaixo de suas asas estarás seguro".***

Outro tema que chama a atenção é o crescimento acelerado da população. Em 2005 chegamos à marca de 6,5 bilhões de habitantes no mundo. Um bilhão a mais do que em 1993. Acredita-se que em 2012 seremos 7 bilhões e em 2050, 9 bilhões.

Em 1950, apenas duas cidades - Nova Iorque e Tóquio - tinham uma população acima da marca dos 10 milhões de habitantes. Hoje, são 20 as cidades que superaram essa marca. A grande São Paulo abriga mais de 18,3 milhões, sendo o quarta maior área urbana do planeta, superada apenas por Tóquio com 35,3 milhões, Cidade do México com 19,2 milhões e Nova Iorque com 18,5 milhões, ficando em quinto lugar, Nova Deli com 15,3 milhões.

Não se trata apenas do medo e da superpopulação; há também o gravíssimo problema da fome. Um percentual muito grande dos habitantes do mundo dorme todas as noites com fome.

É falta de alimento? É. Mas não é apenas falta de alimento. É também a questão da má distribuição.

Só em São Paulo, o quarto maior ajuntamento de pessoas do planeta, milhares e milhares de quilos de alimentos são desperdiçados diariamente e vão para o lixo. Deus afirma que ***"nem só de pão viverá o homem, mas de toda a palavra que sai da boca de Deus".*** Mateus 4:4.

Quando solucionaremos todos esses problemas? E os outros, como a falta de segurança, o problema da educação, do desemprego e de tantas outras coisas mais?

Há no mundo hoje doenças terríveis, que causam mortes aos milhares, deixando-nos com muito medo.

Sem mencionar as secas em várias regiões e a iminente possibilidade de falta de água potável.

Há também a disparidade na distribuição das riquezas. Um percentual pequeno da população concentra as maiores riquezas. A grande massa não tem para onde ir. Poucos têm muito e muitos não têm nada.

É nesse emaranhado de coisas, de situações e aflições que o Senhor aparece e diz que deseja ter relacionamento conosco. Oferece sua amizade e seu companheirismo.

Queria que você esquecesse um pouco os dados que viu agora e se concentrasse no seguinte: No meio de toda essa trama, olhe pra esta face de Deus, a Face do Companheirismo.

Se está difícil de ver a luz no fim do túnel, Jesus quer ser a luz para você. Se não há esperança suficiente para sobreviver, Jesus é a esperança. Ele é o pão, Ele é a água. Ele é tudo que você precisa.

Hoje Ele está batendo à porta do seu coração. Desejoso de viver com você.

Talvez Ele não livre você de todo o sofrimento, mas vai estar com você. Pode ser que Ele não abra o mar. Pode ser até que Ele nem mesmo acalme o mar. Mas de uma coisa eu tenho certeza: se Ele não abrir o mar, nem acalmar o mar, Ele fará você andar sobre as ondas junto com Ele.

Você acha que existe um companheiro melhor que esse? Pode estar certo de uma coisa: Ele só quer o seu melhor. Só quer ajudar, só quer salvar.

Ninguém nesta vida pode oferecer companheirismo mais real que Jesus.

Eu amo este retrato de Deus, a Face do Companheirismo.

Louvado seja o Senhor!

Capítulo 5

A face da VALORIZAÇÃO

A maior virtude de um homem é amar um milhão de vezes a mesma mulher.

A Face da Valorização

Através deste retrato, quero apresentar a você, alguém que vive em busca de virtudes. Ele anda procurando alguma qualidade. Muitos de nós fomos criados ouvindo falar de comportamento. Bom comportamento é claro!

O que os pregadores se esqueceram de dizer é que a salvação está ligada ao relacionamento e não ao comportamento.

Pode raciocinar e você verá que o comportamento é como que um rótulo, porque é externo. Pode até representar o que está dentro, mas nem sempre. O relacionamento é hoje o fator decisivo nos mais diversos seguimentos das relações humanas.

O jovem rico, de Mateus 19, representa bem o cristianismo vazio e sem vida do comportamento. Ele era campeão do bom comportamento, mas a Bíblia nunca mais menciona o jovem depois daquele encontro com Jesus, registrado em Mateus 19:16-22.

Ao olhar para um outro exemplo que é o episódio registrado em João 8:1-11, onde aparece a mulher apanhada em adultério, descobrimos que o que realmente conta não é o comportamento, e sim o relacionamento.

Neste momento tenho que dizer o seguinte: você pode ter mil defeitos, mas se tiver uma virtude, uma qualidade apenas, Deus salvará você, em razão de uma única virtude.

Que Deus é esse? Este é o Deus da valorização. Diferente de tudo e de todos, pois em nossa sociedade as pessoas são valorizadas pelas qualidades que possuem, e isto se não cometerem nenhum erro, porque se errarem, as qualidades logo serão esquecidas.

Vivemos num mundo onde falhar significa decretar o próprio fracasso, quase que eterno. Não há perdão, não há boa vontade, não há amor. Errou, acabou!

Felizmente não é assim com Deus. Ele sempre está disposto a recomeçar, sempre pronto a dar uma segunda chance.

Vou ensinar algo muito importante agora: se você participa de qualquer comunidade vai entender plenamente o que vou dizer. Se a comunidade é uma igreja, por exemplo, você entenderá melhor ainda. A diferença entre Deus e nós é que cada vez que nos arrependemos e pedimos perdão, somos perdoados, porque Deus prometeu perdoar. Voltamos ao ponto zero, ao princípio, ao início. É como se nunca tivéssemos pecado.

É assim que Deus nos trata. Diferentemente das sociedades humanas, incluindo as igrejas. Mesmo que você seja perdoado, no próximo ano quando você errar de novo, vão lembrar do seu erro do ano anterior e se no outro ano você errar outra vez, alguém vai dizer: olha, há dois anos você errou e nós perdoamos, ano passado você errou de novo e nós perdoamos outra vez. Agora, já é a terceira vez. Cuidado, até quando vamos ter que perdoar você?

Assim agem os homens.

Repito, com Deus é diferente, porque para Deus quando Ele perdoa, Ele perdoa. O que significa dizer que Ele esquece completamente.

Talvez até você possa estar dizendo assim: será que o pastor sabe o que está escrevendo? Sei. Tanto sei que posso dizer a você.

Evidentemente não são idéias minhas, são palavras do próprio Deus. Veja as palavras de Deus em Isaías 43:25, ***"Apago as tuas transgressões"***; Isaías 45:22, ***"Desfaço as tuas transgressões como a***

névoa"; e Miquéias 7:19, ***"Lanço os teus pecados nas profundezas do mar"***.

Deus apaga, desfaz e lança nas profundezas.

Lembro-me de uma história que era contada no passado, para ilustrar como Deus se esquece dos pecados que foram perdoados.

Havia em determinada igreja uma senhora, já idosa, que possuía a fama de falar com Deus todos os dias e ter respostas de Deus todos os dias. Por ocasião da chegada de um novo pastor para trabalhar naquela comunidade religiosa, a fama da senhora chegou aos ouvidos do pastor, que não perdeu tempo para descobrir se era verdade ou mentira o fato de ela falar com Deus todos os dias e ouvir as repostas de Deus todos os dias.

Em seu primeiro sábado naquela igreja, logo o pastor conheceu a tal irmã e a incumbiu de uma tarefa muito interessante.

Disse-lhe o pastor: é verdade que a senhora fala com Deus todos os dias? Sim, disse a irmã, é verdade. E Deus lhe responde quando lhe pergunta algo? Sim, responde, disse a idosa senhora.

Bem, prosseguiu o pastor, a senhora pode perguntar pra Deus qual foi o meu pecado grave, cometido quando fazia meu primeiro ano de teologia? Sim, respondeu a irmã. Bem, afirmou o pastor, se Deus lhe responder eu vou acreditar que a sua fama não é em vão, e sim que a irmã fala mesmo com Deus e que Deus fala mesmo com a irmã.

O pastor pregou o sermão sem nem mesmo se lembrar do compromisso assumido com a idosa senhora. Porém, quando estava à porta despedindo as ovelhas, eis que se aproxima a senhora e o pastor lhe pergunta: então irmã, falou com Deus? Falei pastor, foi a reposta. Perguntou sobre o meu pecado enquanto fazia o curso de teologia? Perguntei pastor, respondeu tranquilamente a bondosa senhora. E Deus lhe respondeu? Sim, respondeu. E o que Deus lhe contou sobre o meu pecado? A senhora calmamente olhou para o pastor e amavelmente falou: Deus me disse que já não lembra mais do seu pecado pastor, pois foi perdoado.

É claro, que isto pode ser apenas uma alegoria, uma história, entretanto ilustra poderosamente a atuação de Deus. Posso afirmar a você que Deus não tem tempo para se lembrar de pecados já perdoados. Os pecados perdoados foram apagados, desfeitos, lançados nas profundezas. Deus os esqueceu. Louvado seja o Senhor!

Esta face de Deus faz muito bem para mim pecador e deve fazer muito bem pra você também. A menos que você não se sinta pecador, aí a conversa é outra.

O que eu mais quero neste momento é que você se sinta valorizado por Deus. Porque você é a única coisa que importa pra Deus neste Planeta.

Por vezes nós confundimos as coisas e acabamos confundindo as pessoas. As pessoas valem mais que as coisas.

É certo que hoje as coisas valem mais que as pessoas e muitas pessoas, para valerem alguma coisa, precisam ter coisas.

Um dia vamos aprender que não é o ter que é importante, o importante é ser.

Não podemos amar as coisas e usar as pessoas. O certo é amar as pessoas e usar as coisas.

Eu disse que por confundirmos as coisas, confundimos e atrapalhamos as pessoas. Como pregador eu tenho a obrigação, sagrada obrigação, de descortinar o véu que encobre a face de Deus. É meu dever tirar os ruídos da comunicação entre Deus e o homem. É meu trabalho e tenho que fazer bem feito. Caso contrário vamos continuar confundindo as coisas.

Vamos ver se compreendemos: por muito tempo ouvimos falar de um Deus que só cobra. Um Deus que só exige as coisas. Você não pode fazer isso, não pode fazer aquilo, não pode isso, não pode aquilo, não pode aquilo outro, etc. Parece que Deus vive só do não.

Olha, Deus está muito mais preocupado em se relacionar com você do que proibir coisas. Deus só quer estar com você. Ele mesmo diz: ***"eis que eu estou à porta e bato; se alguém ouvir a minha voz e abrir a porta, entrarei em sua casa e cearei com ele, e ele, comigo"***. Apocalipse 3:20.

Por que nós temos uma idéia errada a respeito de Deus? Porque sempre ouvimos falar coisas impróprias de Deus. Porque nem sempre as informações passadas a nós, sobre Deus, são corretas.

Precisamos compreender que Deus sempre vai atrás de nós. Foi assim com Adão e Eva no Jardim, quando se esconderam da face de Deus. Deus os procurou: Gênesis 3:9.

Desta mesma forma Deus agiu com Elias, quando fugindo de Jezabel se escondeu numa Caverna: I Reis 19:9.

Assim também Deus foi ao encontro de Pedro, logo após a ressurreição, quando Pedro desesperado voltou para o barco de pesca. E naquela madrugada Deus o alcançou outra vez: João 21: 1-17.

Por outro lado, enquanto estivermos com a mente fixa em idéias erradas, não teremos capacidade e nem disposição para ver as belezas da face de Deus. Deus nos procura para valorizar-nos. Ele deseja dizer uma palavra de carinho, de ânimo, de apreço. Ele deseja nos levantar.

Hoje Deus está passando os olhos sobre nós. Não para nos criticar, nos destruir ou nos rejeitar. Pelo contrário, Ele olha e vela para descobrir alguma virtude em nós.

Vou repetir para lhe encher de alegria mais uma vez: você pode ter mil defeitos, mas se tiver uma virtude, e permitir, Deus o salvará por conta dessa única virtude.

Isto porque Deus pode tomar uma única virtude e através dela inundar todo o ser. Deus tem o poder de transformar vidas e corações. Basta apenas uma virtude e nada mais.

Vou exemplificar o que estou dizendo, para não ficar o dito pelo não dito. O melhor que posso fazer por você é mostrar na Bíblia que

Deus está buscando uma única virtude apenas. Você não precisa ter mil virtudes, basta apenas uma e nada mais.

No livro de Hebreus, há um capítulo que trata só de heróis. É o capítulo onze. Ele trata apenas de vencedores. São homens e mulheres que se tornaram vencedores pela graça e pelo poder de Deus. No verso 31 deste capítulo, está a biografia de uma mulher que apesar dos muitos defeitos, possuía uma virtude.

É uma história que contada, olhando para o passado, tem um significado muito abrangente. O texto diz apenas o seguinte: ***"pela fé, Raabe, a meretriz, não foi destruída com os desobedientes, porque acolheu com paz aos espias".*** Hebreus 11:31.

É o resumo de uma vida. Como podemos resumir uma vida inteira em apenas uma frase, em apenas um verso? Nós não podemos, mas Deus pode. Porque de uma única virtude, Deus pode transformar completamente uma vida.

A história desta mulher ocorreu nos dias de Josué, que sucedeu Moisés na liderança do povo Deus, levando o povo para dentro da terra de Canaã.

No capítulo dois do livro de Josué está o momento quando os espias foram pesquisar a terra e se esconderam na casa dessa prostituta. Na verdade, ali, eles encontraram não apenas um lugar para ficar durante a noite, mas também alguém que vivia uma grande noite em sua vida.

Posso assegurar a você que Raabe não era meretriz, estava meretriz. Raabe era uma filha de Deus que passava pelo vale da sombra de morte, do ponto de vista espiritual, como muitos de nós passamos.

Os homens viam-na como prostituta, mas Deus via Raabe como uma filha que precisava voltar para os Seus braços. Assim como Jesus foi ao poço de Jacó, em Sicar, se encontrar com a Samaritana e salvá-la, aqueles dois jovens espias foram a Jericó para encontrar e salvar Raabe.

Veja como tudo aconteceu. Ela os recebe, protege, esconde e salva. Mas antes de saírem, eles ouviram sua confissão de fé no Deus de Israel. Eu sei que Deus está com vocês disse ela. Sei que Deus lhes deu esta terra, e sei também que o Senhor Deus é Deus em cima nos céus e embaixo na terra.

Solicitou aos jovens que jurassem que usariam de misericórdia para com a casa de seu pai quando da destruição iminente da cidade de Jericó.

Eles concordaram e disseram que só estariam obrigados ao compromisso se ela cumprisse três condições. O que prontamente ela aceitou. As condições eram: 1) Não denunciar a missão de espionagem que faziam; 2) Reunir toda a família dentro de sua casa; e 3) Atar um cordão escarlata, ou vermelho à janela.

Ela cumpriu a sua parte do trato, e a Bíblia afirma que imediatamente ela atou um cordão escarlata junto à janela. Josué 2:21.

O desfecho da história dá-se no capítulo 6. No momento em que a cidade seria destruída, Josué mandou aqueles mesmos jovens que lá estiveram, que fossem à casa da mulher prostituta e a tirassem de lá com tudo quanto possuía. O verso 26 do capítulo 6 de Josué diz: ***"Josué conservou com vida a prostituta Raabe, e a casa de seu pai, e tudo quanto tinha; e ela habitou no meio do povo de Israel".***

Até aqui a história é maravilhosa, porém, o final da história é mais emocionante ainda. Quando vamos ao Novo Testamento, descobrimos que essa mesma mulher conhecida até aqui como Raabe, a meretriz, passa então a fazer parte da árvore genealógica de nosso Senhor e Salvador Jesus Cristo.

Em Mateus 1:5, está escrito: ***"Salmon gerou de Raabe a Boaz; este de Rute, gerou Obede; e Obede a Jessé".*** E se continuássemos chegaríamos a Jesus, o filho de José e Maria.

A pergunta que vem à mente é: você colocaria na árvore genealógica do Salvador do Mundo, do Senhor Jesus Cristo, uma prostituta? Certamente não. Eu também não teria tal ousadia. Mas Deus colocou. Por que? Porque Deus está preocupado com as virtudes. Ele vê os defeitos? Vê. Mas, de nada significam os defeitos diante de um Deus que pode transformar vidas e corações.

Você poderia dizer que Deus acredita nas pessoas e não estaria errado. Deus acreditou em Raabe. Deus não se decepcionou. Ela venceu. Ela valorizou o Deus que nela acreditou. Veja que a valorização de Deus se transformou em valorização pessoal.

Desejo que você saiba que Deus olha pra você hoje e vê não o que você é, e sim o que você poderá ser pela Sua graça, pelo Seu poder, pela Sua misericórdia.

Mesmo que você esteja no fundo do poço, mesmo que sua vida esteja totalmente quebrada, mesmo que você não saiba mais o que fazer, Deus ainda acredita em você.

Deus olha pra você e ainda vê alguma virtude.

Deus só não pode fazer por você o que Ele deseja fazer, se você não permitir. Se por outro lado você deixar, Deus vai dar uma guinada na sua vida, vai fazer uma reviravolta, vai transformar tudo, fará tudo novo. Você será uma nova criatura.

Pense nisso hoje antes de dormir. Pense que amanhã poderá ser tudo diferente, quem sabe as bênçãos que você esperou hoje e não vieram, virão amanhã! Deus está hoje olhando pra você. Não para condená-lo, nem para destruí-lo, nem para envergonhá-lo. Ele está olhando pra você porque quer uma chance para ajudar. Uma oportunidade para ser útil. Na verdade Ele está suplicando: posso ajudar você?!

Só quero que você pense numa coisa: Ainda que todos desvalorizem você, saiba que você tem muito valor diante de Deus.

Não deixe os homens e mulheres deste mundo destruírem você, você merece ser feliz, você merece viver.

Muitas vezes o inimigo, aquele mesmo que esteve no Jardim, o mesmo que tentou o Senhor Jesus, tenta nos destruir, nos desanimar.

Ele nos tenta, para que caindo em tentação, nos sintamos mal. Esta é a especialidade de Satanás. Ele só quer nos destruir, e depois ainda lançar a culpa em Deus.

Não deixe o inimigo destruir você. Olhe pra Jesus, o autor e consumador da fé. Só Ele pode dar a paz e a alegria que você merece.

Sabe por que? Porque Ele aceita você do jeitinho que você é. Não precisa mudar nada, nadinha mesmo! Ele quer você assim, como você é. Foi Ele quem fez você. Ele ama você porque você é um filho querido, você é uma filha querida.

Não se esqueça desta grande e importante verdade.

Somos filhos e filhas de Deus, pois aceitamos Jesus como Salvador e Senhor e a Palavra inspirada diz: ***"A todos quantos O receberam, deu-lhes o poder de serem feitos filhos de Deus, a saber, aos que crêem no Seu nome".*** João 1:12.

Termino este retrato de Deus afirmando a você: somos filhos e filhas de Deus. Temos o direito de amar nosso Pai sem barreira e sem véu.

Ele nos valoriza profundamente, por isso podemos ser felizes.

Olhe para Deus hoje de maneira diferente. Fale com Ele. Descubra a alegria de se relacionar com alguém cujo interesse é salvar você. Alguém que é só valorização, que nunca tem uma palavra para destruir.

Alguém cuja vantagem é morrer, morrer pra salvar.

Este é o Deus da valorização, que ama você.

Louvado seja o Senhor!

Capítulo 6

A face da BONDADE

Bondade é um artigo raro nos dias atuais. Alguns acham que ser bom é ser fraco. Quem sabe em algum momento, todos nós sejamos contagiados por essa tal "fraqueza". Quando isso ocorrer nosso mundo será de novo um paraíso.

A Face da Bondade

Meu anseio é mostrar a você um retrato da bondade de Deus. Para alguns pode parecer difícil, mas embora difícil todos nós podemos ver esta fotografia de Deus, um Deus de bondade infinita.

Naum 1:7, diz: ***"O Senhor é bom, é fortaleza no dia da angústia e conhece os que nele se refugiam".***

Você não precisa ter medo de Deus. Deus é bom. Quando eu era garoto, aprendi uma música na igreja que dizia: ***Deus é bom, Seus filhinhos somos. Deus é bom, quer o nosso amor. Amor nos faz contentes, amor nos dá prazer...***

Devemos parar de olhar pra Deus com medo. É certo que devemos respeito ao Senhor, mas não medo. Eu sugeri na introdução que deveríamos olhar para Deus como olhamos para o pai. Ou então, olhar para Ele como olhamos para um amigo.

Criou-se a sensação de que por causa do pecado, ou por causa de nossas deficiências, Deus deixou de olhar para nós com bondade.

Este sentimento não vem de Deus. Deus sempre nos olha com bondade e sempre nos trata como Seus filhos amados. Mesmo quando estamos em dificuldades e problemas, Ele ainda continua e sempre continuará olhando para nós com carinho.

Algumas vezes nos meus sermões, para mostrar como é Deus, eu gosto de ilustrar com a figura de um pai que está tentando ensinar seu filho pequenino andar. Imagine comigo a cena: o pai coloca os braços ao redor do filho e diz: vamos filho, vem com o papai! À medida que o garoto começa a dar os primeiros passos, o pai vai se afastando lentamente, mas continua com os braços ao redor do filho. O pai sente o maior prazer ao ver seu filho dar os primeiros passos. Mas, e na hora em que o filho, tentando caminhar, tropeça e cai?! O que o pai faz? Ele chuta o filho e diz: você nunca vai andar mesmo? Você não presta pra nada mesmo? Você é um lixo? Não, de maneira nenhuma! Pelo contrário, o pai dá a maior motivação e diz: filho vamos lá! Tente de novo, o pai está aqui, o pai cuida de você, vamos, você consegue, eu lhe ajudo; vamos, você é o meu bebê, você é o meu garoto! E assim, com paciência, alegria e bondade, o pai se dedica até seu filho andar sozinho. Esta é a imagem correta de Deus. Você e eu somos os bebês de Deus, e para Deus seremos sempre Suas crianças. Ele cuida de nós. Ele nos ensina a caminhar e quando caímos, Ele, que está sempre com os Seus braços ao redor de nós, diz: vamos lá, tenta outra vez, estou aqui, vou lhe ajudar, você é o meu garoto, eu cuido de você!

Pode ser que neste exato momento você esteja caído. Quero que se lembre de quando estava aprendendo a caminhar. Quero que saiba que Deus está com os braços ao redor de você, para proteger você, para levantar você, para socorrer você.

No Salmo 139:5, está escrito: ***"Tu me cercas por detrás e por diante e sobre mim pões a tua mão".*** Veja que o que eu estou falando não é uma invenção, não é uma miragem, não é uma alucinação, é uma verdade.

Você se lembra o que Deus falou quando Jesus estava saindo da água ao ser batizado por João Batista? ***"Este é meu filho amado em quem tenho muito prazer".*** Mateus 3:17. Deus quer que você ouça de Seus lábios hoje esta frase: você é um filho amado, você é uma filha amada, eu tenho prazer em você. É preciso compreender que Deus está perto para ajudar e não para policiar. Eu sinto que somos influenciados por muitas coisas. Uma delas, de modo muito forte, é o que nós ouvimos de pessoas nas quais depositamos nossa confiança. Muitas vezes ouvimos falar de Deus como alguém que causa medo e que assusta. O Deus do medo não é o Deus verdadeiro, o Deus que amedronta não é o nosso Deus. O Deus verdadeiro é o Deus da bondade. Esse sim!

Deus está sempre por perto. Ele quer estar à nossa disposição, não pra encher, mas pra socorrer. Nas palavras de Jesus, Deus prometeu estar conosco: ***"E eis que eu estou convosco todos os dias até a consumação do século".*** Mateus 28:20. O Senhor está perto para ajudar. Aconteceu isso na experiência de Pedro. Jesus estava caminhando sobre as águas do mar. Pedro foi andar com Ele em cima das ondas. Não foi nadar, nem surfar, mas caminhar. Enquanto olhava pra Jesus, caminhava em cima das ondas sem problema algum, mas quando pensou em si mesmo, e pode ser até que tenha se achado melhor que os outros que estavam no barco, começou a afundar. Naquele momento ele gritou por socorro: ***"Salva-me, Senhor! E, prontamente, Jesus, estendo a mão, tomou-o".*** Mateus 14:30. O Deus da bondade só quer ajudar. É preciso entender também que o inimigo não quer que você olhe pra Deus da maneira correta. Ele quer sempre lançar lama no caráter de Deus. O propósito do inimigo é denegrir a imagem de Deus. E muitas vezes ele usa até mesmo os religiosos. O que você sente quando ouve dizer que um pastor fez uma coisa errada? Que cometeu o pecado do adultério? O que você pensa quando ouve falar da pedofilia de um padre? Ou ainda de um líder religioso que roubou o dinheiro dos fiéis?

Independentemente das coisas que as pessoas possam fazer, saiba que Deus é bom e ama você. Lembre-se que para Ele você é e sempre será um filho querido. O amor de Deus não muda de acordo com as circunstâncias. Não se altera de acordo com o clima ou com o humor. Não envelhece com o tempo, não é baseado no que você é, mas sim no que Deus é.

E é só por essa razão que o amor de Deus é imutável.

Há uma história muito importante na literatura bíblica, conhecida como a parábola do filho pródigo. Está registrada no evangelho segundo Lucas, no capítulo 15.

É a história de uma família, cujo pai tinha dois filhos. O mais jovem resolveu fazer experiências longe de casa e saiu com uma fortuna, mas logo desperdiçou tudo. Perdeu tudo mesmo, incluindo os "amigos", os bens e finalmente a própria dignidade. Foi obrigado a apascentar porcos e comer da comida deles. Apenas uma coisa ele não perdeu: a lembrança do pai e de sua casa.

Após muito sofrimento, quando não havia mais nenhuma esperança, o garoto resolveu voltar. Não pensava em voltar como um filho, mas estava disposto a ser tratado como um funcionário qualquer. Queria apenas estar em casa e gozar de alguns dos privilégios da casa do pai. Talvez o alimento e um teto e nada mais.

O que ele não sabia é que o pai, desde o dia de sua saída, esperava ansioso pelo retorno do filho.

A surpresa foi tão grande que quando ainda estava longe o pai o viu e saiu correndo ao seu encontro e nem esperou pelo discurso do filho. Lançou-se-lhe ao pescoço e o abraçou, e o beijou.

O pai não estava preocupado com a sujeira do filho, com o suor ou com a roupa esfarrapada. Estava sim preocupado com o filho e nada mais.

É certo que o pai daquela parábola representa Deus, o nosso pai. E se você aprender isso de Deus, que Seu amor não muda nunca, você entrará numa estrada que leva para a felicidade. Pois, todos aqueles que aprendem do amor de Deus são incapazes de não amá-Lo. E todos os que O amam são salvos porque ***"o amor cobre uma multidão de pecados".*** I Pedro 4:8.

Esse Deus de bondade e amor escolheu morrer por você. ***"Ele tomou sobre si as nossas enfermidades e as nossas dores levou***

sobre si; e nós o reputávamos por aflito, ferido de Deus e oprimido. Mas Ele foi traspassado pelas nossas transgressões e moído pelas nossas iniqüidades; o castigo que nos traz a paz estava sobre Ele, pelas suas pisaduras fomos sarados. Todos nós andávamos desgarrados como ovelhas; cada um se desviava pelo caminho, mas o Senhor fez cair sobre Ele a iniqüidade de nós todos".
Isaías 53:4-6.

Este é um dos cinco versos do poema, escrito por Isaías para retratar um pouquinho do grande sofrimento de Jesus até o Calvário. Embora Isaías tenha vivido cerca de setecentos anos antes de Cristo, parece até que este poema foi escrito ao pé da cruz. Ao ler este trecho, dá a impressão de que Isaías contemplou o momento da crucifixão. É possível que ele tenha sido transportado pelo Espírito de Deus, no tempo e no espaço e tenha visto o sangue carmesim escorrer da fronte do Salvador.

A bondade de Deus não pode ser questionada jamais. Você pode questionar muitas coisas e muitas pessoas, mas jamais poderá questionar a bondade de Deus, bondade que se manifestou na pessoa de Nosso Senhor e Salvador Jesus Cristo.

Um dos salmos mais conhecidos é o salmo vinte e três. Ele termina dizendo que ***"a bondade e a misericórdia certamente me seguirão todos os dias da minha vida".*** O salmo começa dizendo: ***"o Senhor é o meu pastor e nada me faltará".*** Para quem tem Jesus como supremo Pastor, nada faltará mesmo, incluindo a bondade do Senhor.

Há algo de diferente neste retrato de Deus. Sua bondade não espera recompensa. Nós estamos acostumados com as retribuições. Parece até que tudo está ligado a recompensas, compensações, pagamentos ou coisa assim.

O costume é tão grande que se você é convidado para uma festa, o dia que fizer uma, terá que convidar quem antes o convidou. De um modo geral, as pessoas esperam uma retribuição.

Por outro lado, de vez em quando, alguém recebe o mal em troca do bem que realizou. E sempre que alguém nos trai a confiança, nos perguntamos: o que eu fiz para que ele agisse assim comigo? Que erro eu cometi para que ela fizesse isso comigo? O paradoxo é que entre os seres humanos, muitas vezes até mesmo pessoas que foram ajudadas por nós, se viram contra nós.

É comum demais uma pessoa ajudada, um dia se esquecer que foi ajudada e acabar como diz o ditado: cuspindo no prato que comeu.

Eu poderia enumerar algumas pessoas que foram ajudadas e depois se esqueceram. Eu mesmo já vivi a experiência de ajudar alguém e depois receber em troca uma cuspida no rosto. Penso que você também já viveu esta experiência. Sou até capaz de dizer que se você não viveu uma situação parecida, algo está errado com você.

No meu caso, como não fiz esperando qualquer retribuição, não faz diferença. Mas que é triste, é triste, não é mesmo?

Olha, se não estivermos ligados a Deus, vamos nos sentir mal e talvez até retribuir o mal com mal. Mas quem vive a bondade de Deus já aprendeu a perdoar.

Bem, vamos pensar do ponto de vista de Deus.

Deus jamais pagaria o mal com mal. A bondade de Deus não sofre alteração. Se você é bom, Deus é bom, mas, se você é mau, Deus ainda assim é bom. A bondade de Deus não muda.

Veja o caso de Jesus, que segundo João, veio para o que era seu e os seus não o receberam. Você pode ler estas coisas em João 1:11-12. Deus não espera nenhuma recompensa, por isso não fica decepcionado conosco.

Você pode fazer o que quiser contra Deus, pensar o que quiser de Deus, dizer o quiser de Deus, nada disso mudará a bondade do Senhor, porque o Senhor é bom.

Deus não é vulnerável ao humor. Jamais alguém poderá dizer: hoje Deus está de bom humor, ou hoje Deus está de mau humor. Porque Deus é bom sempre e eternamente.

"O Senhor é bom para todos, e as suas ternas misericórdias permeiam todas as suas obras". Salmo 145:9.

"Ó provai e vede que o Senhor é bom; bem-aventurado o homem que nele se refugia". Salmo 34:8.

Deveríamos nos concentrar mais na bondade de Deus. A bondade do Senhor é infinita e por Sua bondade, Deus nos oferece muitas graças, que são dádivas ou bênçãos. Algumas nós nem conseguimos perceber.

Algo que me impressiona muito é saber que Deus coloca um anjo poderoso para cuidar de cada um de nós. Ele é conhecido por muitos como o anjo da guarda. Em casos excepcionais alguns até já viram o seu anjo. Eu nunca vi meu anjo, mas algumas vezes já ouvi sua voz. E outras tantas vezes senti sua presença manifestada de alguma maneira. Sua voz é como uma melodia composta por várias vozes, não dá para explicar, porém é algo maravilhoso.

Eu posso compartilhar com você algo impressionante que mostra a atuação do anjo do Senhor em um momento de angústia e dor.

Nasci na fazenda Palmeira, município de Monte Azul Paulista, no interior de São Paulo. Naquela rica paisagem composta por lagos, rios, pomares e plantações, vivi toda a minha infância.

Na fazenda, os brinquedos são diferentes. O passatempo é diferente. A vida é diferente. Parece que tudo se reveste de um outro colorido que as cidades não possuem.

Quando eu completei sete anos de idade, recebi de presente algo muito especial. Dentro de uma caixa estava um cachorrinho lindo que acabou recebendo o nome de Brutus.

O Brutus cresceu e ficou maravilhoso. Era amado por todos os garotos da fazenda. Cor de vinagre, forte e corajoso. Dócil e ao mesmo tempo valente. Tinha um lado brincalhão, brincava com tudo e com todos. Ele era muito hábil, muito rápido, capaz até mesmo de matar cobras venenosas.

Meus primeiros anos de estudo foram em uma escola rural, distante da nossa fazenda cerca de quatro quilômetros.

Íamos de manhã e voltávamos ao meio dia, todos os dias, de segunda à sexta, sempre caminhando na companhia do nosso grande amigo Brutus.

Ele era a nossa alegria. Amigo e festeiro, latia para o gado, corria à nossa frente, ia e voltava com muita energia e felicidade.

Ele era realmente especial.

Quando adentrávamos a sala de aula, ele se deitava na soleira da porta da escola, e ficava quietinho nos esperando para a hora do recreio. No intervalo era uma outra alegria. Muitos dos meninos e meninas da escola brincavam com ele bem como lhe davam um pedaço do lanche. Ao voltarmos para a sala, novamente ele se deitava e nos esperava para fazermos juntos o caminho de volta.

O Brutus era mesmo muito inteligente. Tão inteligente que de tanto ir à escola quase aprendeu a ler e escrever!

Foram anos maravilhosos. Eu tinha um companheiro para todas as ocasiões. Se ia para a lavoura à tarde, lá estava comigo meu amigo. Quando íamos para a pesca em um domingo à tarde, lá estava ele conosco. Quando fazia calor nós mergulhávamos num riacho de água bem cristalina. De cima da ponte pulávamos e de repente lá vinha ele num salto espetacular, para nos acompanhar. O Brutus era tudo que um garoto pode querer de um cão.

Quando completei dez anos de idade nos mudamos para a cidade.

Embora residindo na cidade, continuamos nosso trabalho na fazenda. Sempre depois da aula eu ia para o campo na companhia inseparável do meu Brutus. A nossa casa ficava na Rua São Pedro, no número 865, em Monte Azul.

Naquele tempo começaram a construção de uma igreja bem de frente para a nossa casa. Era a Igreja Adventista do Sétimo Dia. Eu me lembro que todas as tardes o Brutus dava uma passadinha pela construção. Atravessava a rua e olhava tudo como se fosse um chefe de obras e depois voltava para casa.

Eu ficava sentado na calçada e achava aquilo tudo muito legal.

Porém, um domingo à tarde, aconteceu algo muito doloroso para mim. Eu estava assentado na calçada, em frente de casa, e o Brutus como sempre fazia, atravessou a rua para vistoriar a construção da igreja.

Olhei para o lado de cima da rua e percebi que vinha vindo um caminhão. Imediatamente chamei o Brutus de volta, com medo que ele fosse atropelado por aquele enorme veículo.

O Brutus levantou a cabeça, olhou para mim com carinho, deu um breve latido e começou a caminhar na minha direção, atravessando a rua de volta.

Parece que nosso cálculo não foi bom. O Brutus não viu o caminhão, e acho que o motorista também não o viu.

Eu fiquei desesperado quando ouvi um latido de dor. Vi o caminhão indo embora, estrada a fora, e no meio da rua o meu Brutus todo ensangüentado. Eu imaginei que ele já estivesse morto, mas não estava. Tudo que eu consegui fazer naquela hora de dor foi abaixar a cabeça e chorar. Eu tinha apenas dez anos de idade. Ver meu cão amado ser morto por um veículo foi uma cena muito forte para eu suportar.

Em alguns instantes eu ouvi uma voz muito parecida com a voz de meu pai, meu grande amigo, só que era uma voz muito melodiosa. Parece até que alguém passou a mão sobre a minha cabeça e eu ouvi claramente: *"Filho, não chora não. Um dia você terá um outro cão igualzinho ao Brutus"*. Com aquele apoio me levantei, olhei para os lados para ver se era meu pai, mas não havia ninguém por ali, pelo menos que eu pudesse ver.

Fui até onde estava o Brutus, ele não conseguia se mover. Mas mesmo assim, num último esforço, levantou os olhos para me olhar como centenas de outras vezes me olhara. Confesso a você que qualquer garoto teria chorado ao ver aqueles olhos tristes e molhados, como que pedindo desculpas pelo ocorrido. Lentamente seus olhos se fecharam e seu coração parou de bater. Eu ainda estava no meio da rua com meu Brutus no colo quando chegou um de meus irmãos. Fiquei todo molhado com o seu sangue.

Levamos o seu corpo para o quintal e fizemos um buraco, e lá, com muita dor no coração e muitas lágrimas nos olhos, eu depositei meu amigo querido. Meu irmão escreveu em um papel o nome dele e deixou sobre o monte de terra.

Muitas vezes eu me lembro do Brutus com saudade. Agora mesmo, ao escrever a história, meus olhos ficaram cheios de água. Já se passaram quarenta anos, e eu já tive outros cães.

Hoje temos uma cadelinha que é uma graça, a D'Julye, que me ama muito, talvez até mais que o próprio Brutus. Basta apenas dizer que ela é como uma sombra, onde eu estou ela está. Aonde eu vou, ela vai. Quando viajo, ela fica até com depressão nos primeiros dias. Porém o Brutus foi meu primeiro cão, e ele era demais!

Eu quero destacar uma coisa apenas: aquela voz que me deu conforto e coragem naquela hora de tristeza e dor. Era a voz do meu anjo. Eu sei o que estou dizendo. Ele está sempre por perto. Sua agradável companhia tem tornado a minha vida muito mais feliz e vitoriosa.

Quem são estes seres? Os Anjos de Deus são ministros que trabalham em favor dos filhos e das filhas do Rei do Universo.

A Bíblia afirma que ***"são espíritos ministradores, enviados para serviço a favor dos que hão de herdar a salvação".*** Hebreus 1:14.

Ao concluir este capítulo eu desejo fazer a você um convite: aproxime-se do Senhor, ouça o pulsar do Seu coração e então descobrirá que as batidas do coração de Deus declaram Sua bondade e amor por você. Este retrato de Deus, Sua face de bondade, está dizendo que Deus deseja alcançar você. Por favor, permita que Ele o encontre e o abençoe!

Deus seja louvado!

Capítulo 7

A face da COMPAIXÃO

Ter compaixão é calçar o mesmo sapato, ter o mesmo calo, sentir a mesma pedra. Falar que está sentindo a mesma coisa é fácil, mas nem sempre é verdade.

A Face da Compaixão

De todas as virtudes que uma pessoa possa ter, a compaixão é a mais significativa. Ter compaixão significa ter a mesma paixão, é sentir o mesmo sentimento, é sofrer o mesmo sofrimento.

A compaixão é uma dádiva de Deus, porque Deus unicamente é capaz de ter compaixão. E Ele, em Sua magnitude e bondade, confere a Seus filhos e filhas a capacidade de também sentir a mesma paixão.

Tiago 5:11 diz assim: ***"Eis que temos por felizes os que perseveram firmes. Tendes ouvido da paciência de Jó e vistes que fim o Senhor lhe deu; porque o Senhor é cheio de terna misericórdia e compaixão".***

O retrato de Deus que mostra sua compaixão aparece como uma estrela brilhante. Porque ao olhá-lo, sentimos nossa vida como que iluminada, o que é maravilhoso. Quem é que não quer ter a vida iluminada? O retrato da compaixão de Deus lança luz sobre nossa vida e jornada.

Embora esta seja uma das qualidades de Deus, ela pode ser vista também em Seus seguidores. Nós podemos ter compaixão também: do próximo, dos animais, da natureza e até de nós mesmos em alguns casos.

Há um relato bíblico, citado por Jesus, que uma pessoa foi movida de compaixão por outra pessoa. É a história do bom samaritano.

O relato está em Lucas 10:25-37.

Conta a história de um homem que foi assaltado e deixado jogado quase morto à beira da estrada. Por ali passaram pessoas ilustres da religião, mas nem se preocuparam. A religião deveria ser vivida com manifestações e atos de bondade e não apenas com palavras. Os que passaram estavam ligados à liderança da igreja. O primeiro era um sacerdote, homem ligado à liderança do culto, era o dirigente; o outro era um levita, oficial ligado à liturgia do culto, mas ambos deveriam possuir uma vida religiosa oca, movida de ostentação e nada mais, como alguns líderes religiosos de hoje. Você pode notar que os falsos mestres não são uma realidade só de nossos dias, pois nos tempos apostólicos os falsos mestres já estavam atuando. Por fim, passou um homem que não era ligado à religião oficial, não era se quer reconhecido como cidadão; era na verdade um dos muitos discriminados daqueles dias. E este sim, não se preocupando consigo mesmo, ou com o preconceito, e nem mesmo com as discriminações, agiu como verdadeiro cristão. A Bíblia diz assim: ***"Certo samaritano, que seguia o seu caminho, passou-lhe perto, e moveu-se de íntima compaixão".*** Lucas 10:33. O restante da história diz que o samaritano cuidou daquele moribundo e o recuperou com seu tempo, amor e bens.

Tenho pensado algumas vezes que nossa fé, crença, ou religião, entenda como quiser, deveria transformar o nosso interior.

Não basta apenas ser religioso como o sacerdote da história de Jesus, nem mesmo como o levita. A religião verdadeira não se limita a uma profissão de fé, mas deve influenciar nossa vida a ponto de nos tornar semelhantes a Jesus.

No caso do samaritano da história, nem sabemos qual era o seu nome, sua função, ou mesmo se tinha uma religião, mas sabemos uma coisa; ele era cristão. Ser cristão é mais do que ser Adventista, Batista, Católico, Espírita, Congregacionalista, ou Pentecostal, etc. Ser cristão é mais, porque ser cristão é ser seguidor de Cristo Jesus.

Muitos religiosos não irão para a eternidade, ao passo que os cristãos irão. O samaritano talvez não tivesse uma religião, mas era um cristão de verdade.

A Bíblia afirma que ***"a religião pura e sem mácula, para com o nosso Deus e Pai, é esta: visitar os órfãos e as viúvas nas suas tribulações e a si mesmo guardar-se incontaminado do mundo".*** Tiago 1:27.

O plano de Deus é fazer com que a compaixão faça parte da nossa vida individual, nossa vida prática. Vou explicar o que é ter compaixão, o que é sentir a mesma paixão, a mesma que Deus sente por você e por mim.

Sou de origem européia. Uma mistura de italianos, gregos e suecos. Por natureza sou de sofrer com as pessoas e chorar com elas. Para alguns é comum chorar com os que choram e se alegrar com os que se alegram.

Sempre que ia a um funeral, me entristecia muito e eu acabava chorando com as pessoas. Eu pensava que chorava por estar sentindo o que elas estavam sentindo. Mas o sentimento quando se perde alguém é uma coisa muito forte, não é apenas sofrer um pouquinho e chorar um pouquinho.

Quando meu pai morreu, eu entendi que o que eu sofria quando morria alguém, era quase nada, comparado ao sofrimento que a gente tem quando se perde o pai ou a mãe ou um filho.

Hoje quando faço o funeral de um senhor e vejo os filhos chorando, eu sei como dói. Eu sei o que é que estão sentindo, pois eu também perdi meu pai.

Quando faço o funeral de uma senhora e vejo os filhos chorando, eu sei o que eles estão sentindo. Perdi a minha mãe também. Assim, eu posso ter compaixão deles, sentir a mesma paixão, o mesmo sentimento.

Quando eu digo a você que Deus sente compaixão, eu quero dizer que Ele sente a mesma coisa, a mesma dor, o mesmo sentimento, a mesma alegria, a mesma emoção.

Deus tem esta capacidade, primeiro porque Ele é Deus, e segundo porque ***"Ele foi tentado em todas as coisas, à nossa semelhança, mas sem pecado"***, é claro. Hebreus 4:15.

Há outra coisa que eu quero colocar para você. Quando Deus atende uma prece sua, uma oração sua, quando Deus realiza um desejo seu, um sonho seu, é para mostrar a você que Ele entende você. Que Ele ama você. Que Ele tem por você compaixão.

Em minha vida e ministério, muitas e muitas vezes Deus atendeu minha oração. Teria que passar uma vida inteira só para contar quantas vezes Deus me abençoou ou abençoou alguém de minha comunidade, ou de minha igreja. É possível que mesmo uma vida inteira, seria insuficiente para contar todas as graças recebidas.

É o jeito de Deus ter compaixão. É a maneira de Deus dizer que me ama. Que ama o meu rebanho que também é o Seu rebanho.

Com permissão das pessoas envolvidas, vou relatar aqui algumas das muitas vitórias alcançadas.

Um garotinho chamado Alexandre estava internado na UTI do Hospital Nossa Senhora do Sabará em São Paulo. Era fim do mês de maio de 2004.

O bebê apresentava um caso gravíssimo de celulite cervical – infecção aguda caracterizada pela formação de grandes áreas avermelhadas, quentes e dolorosas, associadas à febre e queda do estado geral do organismo. Havia ainda outras complicações. No dia anterior, o Alexandre havia tido uma parada respiratória, feito transfusão de sangue, e sua pressão quase foi à zero.

Sua mãe, a Thais, que é membro fiel da minha igreja em Tucuruvi, São Paulo, pediu-me que ungisse o seu bebê de apenas seis meses de idade.

Era uma noite de segunda feira. Cheguei ao hospital confiando plenamente em Jesus, o Senhor da vida e da ressurreição. Ao lado da cama estava a mãe, mais que aflita, desesperada.

O Alexandre estava entubado, com aparelhos controlando o coração, a pressão e a respiração, além do soro e das medicações. Febre altíssima e risco de morte iminente. A região da garganta estava completamente comprometida.

Em meu coração pedi a Deus que tivesse compaixão daquela mãe e de seu filho. Fiz a unção com azeite, conforme manda a Palavra de Deus, e fui embora, deixando para trás uma mãe confiante nas promessas de Deus. Mais uma vez Deus não decepcionou. Uma vez mais Deus manifestou o Seu poder curador.

Não demorou muito e o Alexandre saiu da UTI, foi para um apartamento e alguns dias depois voltou para casa, completamente restabelecido. Algumas semanas depois, num sábado especial de oração, fizemos na Igreja Adventista do Sétimo Dia de Tucuruvi, um culto de gratidão a Deus, com a presença do Alexandre, do irmão gêmeo, o Gabriel, da irmã, a Victória, da mãe a Thais, do pai, o Cleverson e muitos parentes e amigos.

Deus continua demonstrando compaixão!

Parece mesmo que Deus tem algo especial com as crianças. Algum tempo depois, uma outra mãe ligou em casa e falou com minha esposa pedindo que eu fosse visitar seu filho de apenas três anos de idade. O Thiago estava internado no Hospital Modelo, que fica na Rua Tamandaré, no bairro da Liberdade em São Paulo. O menino estava com pneumonia dupla. A equipe médica informou à mãe que o pulmão esquerdo já estava perdido. Disseram também para a Katia, a mãe, que deveria chamar o padre ou o pastor para rezar, pois o caso era gravíssimo e se a febre não baixasse, ela poderia, dentro de vinte e quatro horas, perder o filho.

Eu fui ao hospital confiante no Deus que nunca desampara Seus filhos amados.

Quando cheguei ao hospital, aconteceu uma coisa muito estranha. Vou descrever aqui, nas minhas palavras, e se você não quiser acreditar, não faz mal. Mas foi mais ou menos assim que aconteceu: atravessei o estacionamento que conduz à porta principal do hospital e quando estava a mais ou menos uns 10 a 15 metros, olhando na direção da porta, eu vi uma cena muito estranha. Eram uns quatro ou cinco seres, daqueles estranhos, parecidos com seres humanos, mas não eram seres humanos, com certeza eram anjos do mal que estavam ali, e por certo, com a intenção de me amedrontar.

Fiquei arrepiado desde a cabeça até a planta do pé. Fechei os olhos por um instante e silenciosamente disse a Deus que minha vida estava em Suas mãos. Abri os olhos, e continuei andando confiante no Senhor, e à medida que me aproximei da porta, aqueles seres desapareceram.

Subi ao sexto andar onde o Thiago se encontrava. Ainda em minha mente permanecia a imagem daquela cena horrível.

Naquele momento, enquanto subia, ouvi o meu anjo dizendo: ***"Estou com você. Não tenha medo, estou com você".*** Eu sei que era o meu anjo, pois ele já falou comigo outras vezes. Não foram muitas, três ou quatro que eu me lembre.

Quando entrei no quarto 604, vi um garoto todo cheio de aparelhos e meu coração ficou apertadinho, pois eu também tenho filhos, e sei como dói ver um filho doente daquele jeito.

Notei também que de um lado da cama havia uma luz mais forte, como se fosse um raio de luz. Olhei para ver se era o sol, um holofote, ou uma luminária, mas não era nada disso. Pensei em silêncio: meu anjo disse que está comigo e agora me faz ver que está aqui. Deus vai curar o menino, tenho certeza.

Não disse nada sobre a luz com a Katia, apenas guardei tudo aquilo no coração.

Falei com a mãe, e perguntei se ela acreditava que Deus poderia curar o menino, e ela disse que sim. Li dois pequenos trechos da Palavra. Daqueles que falam profundamente ao coração. Isaías 41:10 e 13.

"Não temas, porque eu sou contigo; não te assombres, porque eu

sou o teu Deus; eu te fortaleço, e te ajudo, e te sustento com a minha destra fiel. Porque eu, o Senhor, teu Deus, te tomo pela tua mão direita e te digo: não temas, que eu te ajudo". E Isaías 43:1-3, ***"Mas agora, assim diz o Senhor, que te criou ó Jacó, e o que te formou o Israel: Não temas porque eu te remi; chamei-te pelo teu nome, tu és meu. Quando passares pelas águas, eu serei contigo; quando, pelos rios, eles não te submergirão; quando passares pelo fogo, não te queimarás, nem a chama arderá em ti. Porque eu sou o Senhor, teu Deus, o santo de Israel, o teu Salvador".***

Orei e fui embora.

No dia seguinte eu liguei lá e a mãe me disse que logo depois da oração a febre foi embora e não voltou mais. O médico afirmou que se a febre não voltasse durante dois ou três dias o menino estaria salvo.

Aguardei mais um dia e liguei de novo, e agora quem atendeu não foi a mãe. Era a voz de um menino ao telefone que pensou estar falando com o pai, e mandou até um beijo. Sabe de quem era aquela voz? Era a voz do Thiago, que não estava mais doente, não estava mais morrendo. A mãe correu em seguida, tomou o telefone e disse: pastor, acho que amanhã o Thiago receberá alta. Louvado seja Deus!

Duas semanas depois eu preguei na igreja onde seus pais assistem e atuam. O pai, o Tino, é professor de uma classe de estudos na Escola Sabatina e também serve como diácono da igreja.

Lá estavam todos eles, inclusive o Thiago. Andando como sempre e feliz, nem parecia que estivera doente pra valer.

Chamei os pais em um aposento, e perguntei à mãe se ela havia notado algo diferente quando da minha visita ao garoto, no hospital.

Ela então relatou que a única diferença foi que na hora que eu entrei no quarto ela percebeu que o quarto ficou iluminado.

Então eu disse que também havia percebido e que decidira não dizer a ninguém antes que ela confirmasse o ocorrido.

Assim relatei a eles a visão que tivera lá fora, antes de entrar no hospital, e também a voz do meu anjo dizendo que estava comigo.

Tino e Katia freqüentam a Igreja Adventista do Sétimo Dia do Jardim Fontalis, em São Paulo. A Katia me disse algo mais que é bom você saber. Os médicos da pediatria a chamaram e disseram que não sabiam como o menino se recuperara tão depressa, que nem mesmo eles conseguiam acreditar.

Estou contando isso, apenas para glorificar o Deus, que movido de compaixão, atende nossas orações.

Toda a honra, glória e louvor pertencem ao Senhor nosso Deus.

Deus atende também através de Seus agentes, instrumentos humanos dirigidos pelas mãos do Senhor, para a execução de Sua vontade, que é soberana e suprema.

Eu pastoreio também os membros da Igreja Adventista do Sétimo Dia de Parada Inglesa, em São Paulo. Lá existe uma família, que no ano de 2005 sofreu demais. O Airton e sua esposa, que são oficiais de nossa igreja, possuem três filhos. O João Victor, a Danielle e a Adriana. Certo dia o João Victor disse aos pais que estava sentindo as pernas formigando. O que acontece é que ele estava perdendo a mobilidade dos membros inferiores. Era um problema muito sério na coluna. Eles têm um bom plano de saúde, que por questões éticas não posso mencionar. Os médicos do tal plano sentenciaram que o garoto ficaria paralítico e que nada podiam fazer.

A família já estava quase conformada com a situação, porém, nenhuma mãe quer ver o filho numa cadeira de rodas, completamente dependente, para o resto da vida.

Muitas orações foram dirigidas a Deus. A igreja toda orou muitas vezes, durante um mês inteiro. A Elci, que é a mãe, fez um voto especial a Deus.

Quando tudo parecia perdido, de repente alguém pega os exames e leva para um médico, que por acaso é meu amigo, pois é também o médico da minha esposa. Trata-se de um neurologista famoso, muito respeitado e abençoado.

Ao olhar cuidadosamente os exames descobriu que o garoto estava com um tumor muito grande, junto à medula. Apenas para você entender, o tumor media cerca de doze centímetros; mais ou menos o tamanho de uma salsicha.

O médico, que é cristão, se prontificou para realizar a cirurgia. Deus dirigiu as mãos do Doutor Paulo Roberto Stabenow, e foi um sucesso. No mesmo dia, à tarde eu visitei o João Victor no Hospital Santa Catarina em São Paulo e orei com ele.

Ele está curado. Corre, pula e joga.

Saiba que o Deus da eterna compaixão pode usar homens dedicados e consagrados para executarem a Sua vontade.

Ao olhar para esta face de Deus, a Face da Compaixão, fico tremendamente tocado. Abra os olhos para ver as obras maravilhosas de Deus em favor de Seus filhos e filhas.

Você verá um Deus que é só compaixão.

Mais uma vez, Deus seja louvado!

Capítulo 8

A face do PERDÃO

Quem não perdoa, semeia em seu próprio coração as sementes do ódio, da ira e da amargura. E um dia, sem falhar, estas sementes produzirão amargos frutos que provocarão a destruição eterna.

A Face do Perdão

Um dos mais lindos retratos de Deus, disponíveis a todos os Seus filhos e filhas, é a Sua face de perdão.

Vamos ver um pouco do perdão do ponto de vista de Deus. Todavia, o perdão passa também pela esfera humana. Há poucos meses estava pregando numa comunidade e sem que eu tivesse pensado antes, cunhei a seguinte frase: ***Quem não perdoa, semeia em seu próprio coração as sementes do ódio, da ira e da amargura. E um dia, sem falhar, estas sementes produzirão amargos frutos que provocarão a destruição eterna.*** Descobri depois que aquela mensagem fora uma inspiração de Deus, pois uma pessoa presente estava enfrentando um sério problema, por não querer perdoar alguém da própria família.

O assunto do perdão na esfera humana é algo para refletir. Pense na hipótese de alguém ter ofendido você, sapateado, pisoteado sobre você, passado você pra trás. O primeiro sentimento é o de vingança. Pagar na mesma moeda. É o tal do olho por olho e dente por dente. Vingar-se não é o melhor caminho, pelo contrário, é o pior. Foi pensando nisso que alguém disse: Quer ser feliz por um momento? Então vingue-se! Quer ser feliz para sempre? Então perdoe!

Uma coisa você pode ter certeza: quando você deixa de perdoar duas prisões se instalam. A sua, por não perdoar, e a da pessoa que não foi perdoada. É verdade também que tais prisões são diferentes entre si. A sua é pior, pois talvez a pessoa não perdoada nem se dê conta disso. Assim, o sofrimento dela é menor. Enquanto para você, cada vez que se lembrar, o aborrecimento volta e aprisiona.

Para nos ajudar, existe também uma teoria muito boa, que traz benefícios sempre que usada. Trata-se da teoria do "você merece"!

Pense comigo: mesmo que a pessoa que o ofendeu não mereça o seu perdão, você merece perdoar, porque você merece ser feliz. Quando compreendermos que só poderemos estar em paz quando o perdão fizer parte ativa de nossa experiência e relacionamentos, viveremos muito mais felizes.

Entretanto, a idéia neste capítulo não é abordar o perdão do ponto de vista do ser humano. Minha intenção aqui é apresentar um retrato de Deus que mostre a você o perdão divino, uma fotografia de Deus, mostrando a Sua face de perdão.

Dizer que Deus é amor é correto. Todavia, como seria Deus um Deus de amor, se não fosse um Deus de perdão?

Eu amo conhecer esta imagem de Deus que apresenta o perdão, porque sou pecador e preciso de perdão. Mesmo que eu erre sete vezes ao dia, conforme Provérbios 24:16, o Senhor tem disposição de me perdoar. E me perdoa mesmo que eu erre mais.

O que as pessoas que estão distantes de Deus não conseguem compreender é que para Deus não importa o tamanho do pecado ou a quantidade de pecados. Deus nunca está preocupado com o pecado, Ele sempre se interessa pelo pecador.

Outra coisa bonita que podemos ver neste retrato de Deus é que Ele não mistura as coisas. Ele se aborrece com o pecado, mas ama o pecador. Nós não conseguimos fazer corretamente a diferença, mas

Deus consegue. Ao mesmo tempo em que o pecado é tremendamente ofensivo a Deus, Ele trata o pecador como filho amado.

Talvez porque Deus compreende que somos vítimas. Todos nós somos vítimas de engenhosas tentações. Deus está sempre pronto para socorrer-nos, pois para Ele somos eternas criancinhas aprendendo caminhar. Cada vez que caímos Ele nos sustenta com Sua poderosa mão.

Agora, maravilhoso mesmo é quando conseguimos, através dos olhos da fé, enxergar a atuação de Deus em favor de Seus filhos e filhas.

A passagem da Bíblia que mais me impressiona no assunto do perdão está relacionada com Pedro. Pedro era um dos melhores amigos de Jesus. Fazia parte do pequeno círculo das amizades mais íntimas do Senhor. Haja vista o fato de que sempre que Jesus esteve reunido com grupos pequenos de pessoas, Pedro estava junto.

Pedro é visto com Jesus no Monte da Transfiguração, onde estiveram também Tiago e João. Mateus 17:1-8. Este era um momento especial na vida e ministério de Cristo. Foi o dia quando, por instante, o reino da glória invadiu o reino da graça e viram a Sua glória. Pedro ficou tão emocionado que disse ser maravilhoso estar ali. Um dia, que não está muito longe do dia de hoje, o reino da glória de nosso Senhor e Salvador Jesus Cristo invadirá para sempre o reino da graça, e então ficaremos para sempre com o Senhor.

Outro momento íntimo foi quando Jesus esteve no Monte das Oliveiras e levou consigo novamente os amigos mais próximos, Pedro, Tiago e João. Marcos 14:32-33. Aquele foi o momento quando Jesus tomou o cálice. Isto é: a Sua alma ficou profundamente triste até à morte. Foi o momento da decisão de prosseguir com o plano de redenção. Pedro estava lá. Veja que Pedro era mesmo um dos melhores amigos de Jesus.

Todos temos amigos. Alguns são muito mais chegados que outros.

Há aqueles para os quais abrimos nossa vida. São os que consideramos amigos de verdade. É aquela turminha pequena que dá para contar nos dedos de uma das mãos. São poucos mesmo, mas existem de verdade e para o que der e vier. Morreremos todos juntos ou nos salvaremos juntos.

Porque escolhi tratar de Pedro neste retrato do Salvador? Porque a maior dificuldade dos seres humanos é com os próprios seres humanos, e está relacionada com o perdão. Muito mais ainda quando o desvio envolve uma coisa chamada indiferença. Apesar de Pedro fazer parte do grupo mais íntimo dos amigos de Jesus, quando Jesus precisou dele, ele O ignorou.

Não é muito fácil compreender esse assunto, mas é possível. Vou tentar mostrar a você a seqüência da situação, apenas para facilitar.

O melhor roteiro dessa crise de identidade de Pedro acha-se no evangelho de João. Pedro era um amigo sincero. Mas mesmo com sinceridade, muitas vezes nós não nos conhecemos bem. Aliás, a Bíblia ensina que o coração é enganoso. Veja como está escrito: ***"Enganoso é o coração, mais do que todas as coisas, e desesperadamente corrupto; quem o conhecerá"?*** Jeremias 17:9.

Volto a afirmar: Pedro era um amigo sincero, mas não se conhecia profundamente, como a maioria de nós. Muitos de nós não sabemos que reações teremos diante de certas circunstâncias.

Voltando ao Evangelho, segundo João, Jesus informou a Pedro que este o negaria. Para que você compreenda, veja o que está escrito: ***"Perguntou-lhe Simão Pedro: Senhor, para onde vais? Respondeu Jesus: Para onde vou não me podes seguir agora; mais tarde, porém, me seguirás. Replicou Pedro: Senhor, por que não posso seguir-te agora? Por ti darei a própria vida. Respondeu Jesus: Darás a vida por mim? Em verdade, em verdade te digo que jamais cantará o galo antes que me negues três vezes".*** João 13:36-38.

E em Marcos 14:29-30, a Bíblia diz que Pedro falou: ***"ainda que todos se escandalizarem, eu, jamais! Ao que Jesus lhe respondeu: Hoje, nesta noite, o galo não cantará duas vezes antes que me negues três vezes".***

Pedro estava sendo completamente sincero quando fazia tal declaração, pois Pedro amava a Jesus profundamente.

No capítulo dezoito de João está o momento quando Jesus foi preso e aí começa o grande drama do amigo Pedro. Pedro acompanhou de longe e por três vezes, conforme Jesus havia predito, Pedro O negou. João 18:15-18 e 25-27.

A despeito de sua sinceridade e das boas intenções, Pedro não resistiu à tentação e negou ser amigo de Jesus por três vezes e então, só então, o galo cantou.

Pedro queria desaparecer. Sabe aquela vontade de apertar um "botãozinho" e desaparecer? Era impossível, tarde demais. O olhar de Jesus estava sobre ele. Muitos poderiam pensar que seria um olhar de acusação, mas não era. Era o olhar do perdão e ao mesmo tempo um oferecimento de ajuda. O olhar de Jesus não dizia: viu onde você se meteu? Não falei que você me negaria?

Não. O olhar de Jesus era de restauração. Parece que Seu olhar dizia: Pedro, você está se sentindo mal? Conte comigo! Estou aqui para lhe ajudar. Se confiar em mim, você sairá dessa. Lança sobre mim o fardo e eu vou aliviar você. Não se desespere, eu estou aqui e vou lhe socorrer. Esta era a mensagem do olhar de Jesus. É assim que Ele olha para você e para mim, quando nós entramos em confusão. Nunca para reprovar ou condenar, mas sempre para ajudar e salvar, para perdoar. Esta é a face do perdão.

Pedro saiu dali e chorou muito, amargamente, diz a Palavra de Deus. Lucas 22:62.

O desenrolar dos acontecimentos não mostra mais Pedro, a não ser depois da ressurreição de Jesus, o que significa que Pedro não mais viu Jesus, até depois de Sua ressurreição.

Deve ter sido muito doloroso para Pedro, um dos melhores amigos, ter negado a Jesus. Pior ainda foi o fato de não ter tido tempo para pedir perdão, ao saber que o amigo morrera.

Depois de Sua ressurreição, Jesus apareceu para diversas pessoas, incluindo os discípulos. Até para Tomé, o incrédulo que então se tornou crente, Jesus aparecera. Mas não havia ainda se encontrado com Pedro.

O último capítulo do evangelho de João, o vinte e um, mostra o encontro de Jesus com Pedro, da forma mais esplendorosa possível.

A história de Pedro é muito linda porque ele aproveitou a oportunidade e se apoderou do perdão que Jesus lhe ofereceu.

O contexto do encontro com Jesus está em João 21:1-17, e foi assim: Pedro, decepcionado consigo mesmo, e talvez até com um pouco de depressão, resolveu voltar à antiga vida de pescador.

Como discípulo não obteve sucesso, pois negara o Mestre, mas, como pescador ele tinha sucesso, era do ramo! Talvez até tenha pensado: não consegui como discípulo, mas eu ainda sei pescar, eu conheço o mar!

Era noite. A alma de Pedro também estava na escuridão. E em sua agonia disse a alguns dos amigos, também discípulos de Jesus: vou pescar. Os amigos sentindo o momento, disseram: nós vamos pescar com você. Amigos verdadeiros ajudam na hora da necessidade. Aqueles amigos ajudaram certamente.

Entraram no barco e pescaram a noite toda, mas nada apanharam. Vinham voltando, já de madrugadinha, quando alguém, que não dava para saber quem era, pois ainda se fazia escuro, estava à beira da praia como que esperando por eles.

Os pescadores não gostam de voltar pra casa sem peixe. É humilhante pescar uma noite inteira e nada apanhar. Mais humilhante ainda é pescar a noite toda, não pegar nenhum peixe, e quando está voltando, alguém perguntar: pegou alguma coisa? É como o enfiar de uma espada afiada no coração. Essa pergunta, para pescadores que não conseguiram pegar nenhum peixe, é de matar!

Eles reconheceram que não tinham tido sucesso e disseram: não pegamos nada!

O primeiro passo para que sejamos ajudados por Deus é reconhecer nossa incapacidade. Reconhecer os fracassos. Reconhecer que nada conseguimos.

Então aquele que estava junto à praia mandou que jogassem a rede à direita, que então pegariam. Eles ainda não sabiam que era Jesus quem estava ali. Muitas vezes isso acontece conosco também, Deus está perto para ajudar, mas nós não O reconhecemos. Saiba de uma coisa: Deus está sempre perto para ajudar.

Eles obedeceram e pegaram cento e cinqüenta e três grandes peixes. Os discípulos, pescadores, ficaram impressionados! Pescaram uma noite inteira e nada apanharam, e agora, só porque alguém mandou jogar a rede à direita, encheram a rede e o barco e mais um outro barco.

Depois de uma pequena conversa com João, Pedro se lançou ao mar porque percebeu que se tratava de Jesus.

Era sua oportunidade. Jesus, em Sua infinita bondade e amor, havia preparado para eles o café da manhã. Peixe assado e pão, e eles comeram.

O final da história mostra Jesus interrogando a Pedro enquanto comiam. A pergunta era simples: tu me amas? Repetida por duas outras vezes, e Pedro só podia afirmar: Sim senhor, eu te amo. Senhor, tu sabes que eu te amo. Senhor, tu sabes todas as coisas, tu sabes que eu te amo.

Jesus então, diante dos demais discípulos disse a Pedro que deveria continuar a pastorear o rebanho.

O perdão de Deus não apenas nos coloca em um novo ponto de partida, como também nos restaura completamente.

Pedro recomeçou ali, na beira da praia.

Amanhecia o dia, mas amanhecia também um novo alvorecer na vida daquele homem de Deus.

Um Pedro que amedrontado com as circunstâncias da prisão de Jesus, não teve coragem para mesmo diante de uma criada, dizer que era amigo de Jesus, agora enfrenta os líderes religiosos sem temor algum.

Quando lemos no livro de Atos dos Apóstolos, capítulo dois, vemos um Pedro destemido, enfrentando até mesmo a liderança da igreja e dizendo que eles haviam crucificado o filho de Deus.

Milhares se converteram num só dia, Atos 2:41 ***"Então, os que lhe aceitaram a palavra foram batizados, havendo um acréscimo naquele dia de quase três mil pessoas".*** Era sem dúvida um novo homem, um novo Pedro, possuído agora pelo Espírito de Deus.

Se caminharmos um pouco mais no livro de Atos, vamos encontrá-lo ressuscitando, pelo poder de Deus, uma mulher chamada Tabita, ou Dorcas. Atos 9:40, ***"Mas Pedro, tendo feito sair a todos, pondo-se de joelhos, orou; e, voltando-se para o corpo, disse: Tabita, levanta-te! Ela abriu os olhos e, vendo a Pedro, sentou-se".***

A partir deste momento, quando você pensar em perdão, pense em Deus. Pense neste retrato de Deus, a face do perdão.

Tudo que você e eu precisamos é de um novo começo. O perdão de Deus nos restaura e nos concede dignidade. Podemos ser, pelo poder de Deus, vencedores como Pedro o foi.

Talvez não tenhamos as mesmas deficiências de caráter que Pedro, mas de uma coisa sabemos, todos precisamos de perdão e também precisamos aprender a perdoar.

Jesus ensinou que se necessário, devemos perdoar até setenta vezes sete. Não significa perdoar 490 vezes, mas indefinidamente, porque na matemática de Deus 70 vezes 7 é igual a infinito.

Confie no Deus do perdão, pois, sua principal profissão é perdoar.

Ao olhar agora para Deus, veja-O como o Deus do perdão e não mais como um qualquer.

Ele ama você e oferece a você o perdão.

Aceite-O agora em seu coração.

Se você aceitar a Deus como o Deus do perdão, vou dizer mais uma vez: louvado seja Deus!

Conclusão

Tudo termina bem para quem confia plenamente no Senhor. Se alguma coisa não está bem é porque ainda não terminou.

Conclusão

Ao concluir o livro *As Faces de Deus*, eu quero deixar aqui o registro de algumas poucas palavras.

A primeira é de gratidão a Deus pelo privilégio de poder fotografá-Lo e assim mostrar algumas de Suas faces.

Apesar de estar feliz, tenho convicção de que poderia ter fotografado melhor. Se alguma foto não ficou bem nítida, o único culpado sou eu.

Sei também que há outras fotos que devem ser mostradas. Não foi por falta de vontade, a memória da máquina é que ficou cheia!

Quem sabe num futuro bem próximo eu faça um outro álbum, contendo outras fotos do Deus que eu conheço.

Não poderia deixar de dizer uma palavra de gratidão e carinho a toda equipe que participou da elaboração e execução deste trabalho.

Queria dizer obrigado a todos os meus amigos. Para não cometer um erro gravíssimo, vou fazer da seguinte maneira: quem é amigo sabe! Então, muito obrigado!

Só posso sugerir a você que descanse no amor de Deus.
Sempre que tiver saudade de Jesus, abra o livro e veja as fotos.

Finalmente, eu digo obrigado a você!
Louvado seja Deus!
E até breve!

Bônus

Deus colocou dentro de cada ser humano o desejo de ser útil. Muitos se dão ao luxo de destruir esse dom precioso. Alguns permitem que ele se desenvolva para abençoar outros. Não sou melhor que você, porque ninguém é melhor que outrem. Penso apenas que vivemos pra servir. Pense nisso!

Bônus

Eu escrevi a conclusão em uma única página, apenas agradecendo a Deus pelo privilégio de poder escrever a respeito dEle. Eu sei que sou um dos milhares a escrever sobre Deus, mas o importante não é o número, e sim o prazer de me aproximar de Deus e poder oferecer a você esta oportunidade de conhecê-Lo melhor.

Quando tudo estava pronto para ser enviado à editora, para a publicação, eu me lembrei que poderia ser um pouco mais útil a você se colocasse um bônus contando uma das minhas experiências pessoais com Deus, das muitas vividas nestas décadas.

Assim sendo, como bônus, eu escrevo a você dizendo que a auto-ajuda é algo muito bom. Basta lembrar que nas boas livrarias sempre existe um ótimo espaço para as obras de auto-ajuda.

O que é a auto-ajuda? É a prática que consiste em fazer uso dos próprios recursos mentais e morais para alcançar objetivos de ordem prática ou resolver dificuldades de âmbito psicológico.

Como aluno aplicado da escola da vida, eu sei que existe dentro de cada um de nós uma capacidade incrível de superação. Aliás, você já deve ter ouvido falar na palavra ***resiliência***, não é mesmo?

Bem, mesmo que você ainda não tenha tido contato com esse vocábulo, é bom que você saiba o seu significado. Resiliência é a capacidade de dar a volta por cima. Os norte-americanos usam uma expressão: "*start over*". Capacidade de rápida recuperação, elasticidade. Propriedade que alguns corpos apresentam de retornar à forma original, após terem sido danificados.

A auto-ajuda, como capacidade de superação, está ligada à tenacidade que é aquele poder quase sobrenatural de resistir e prosseguir.

Lembro-me dos jogos olímpicos de Los Angeles em 1984, onde a maratona feminina foi disputada pela primeira vez. As três primeiras colocadas foram a norte-americana Joan Benoit, que ganhou a medalha de ouro; a norueguesa Grete Waitz, que ficou com a prata e a portuguesa Rosa Mota que levou o bronze. Pouco se fala das vencedoras que receberam medalhas. Quem ficou mais famosa mesmo foi a suíça Gabriele Andersen-Scheiss, que chegou em 37º. lugar.

Por que? Por que ficou tão famosa se antes dela passaram trinta e seis competidoras que foram mais rápidas que ela?

Porque Gabriele deu uma demonstração incontestável de superação.

Ela chegou cambaleando para completar a maratona. O estádio acompanhou a cena dramática da atleta que estava contundida e exausta, e nem mesmo assim desistiu da prova. Gabriele foi ovacionada após fazer os últimos 100 metros em longos 5min44s, terminando na 37ª colocação.

Foi Deus quem colocou dentro do ser humano a capacidade de superação.

Existe algo de errado na auto-ajuda? Não. Não existe nada de errado. Eu creio na auto-ajuda, tanto que estou escrevendo sobre este assunto.

Só não podemos nos esquecer que vivemos em um mundo de aflições e que muitas vezes necessitamos da ajuda que vem de fora. Apenas quero dizer a você que há momentos na vida que só a ajuda que vem de Deus pode solucionar nossos problemas. Precisamos da ajuda que vem de cima, de Deus.

Pessoalmente já vi e vivi muitas situações. Nem poderia ser diferente para quem já chegou a meio século de existência. Vi pessoas se levantarem literalmente do pó e se erguerem para uma nova vida cheia de vitórias. São muitas as histórias gravadas em minha mente.

Nenhuma, entretanto foi tão marcante e emocionante como a que vivi em 1990. Marcante e emocionante porque envolve a pessoa que eu mais amo nesta vida. Naquela época nós morávamos em São José do Rio Preto.

Tudo começou quando numa madrugada de sexta-feira levei minha esposa ao pronto socorro, perto de casa, pois ela estava se sentindo muito mal com uma dor fortíssima no abdômen.

A médica que a atendeu chegou à conclusão que se tratava de um simples problema gástrico ou digestivo. A Mari foi medicada e voltamos para casa. A injeção de *buscopam* na veia fez efeito rápido e ela dormiu tranquilamente. De manhã fui para o escritório e ela continuou dormindo. Quando voltei do trabalho, por volta das duas da tarde, a Mari estava deitada no sofá da sala, com 40 graus de febre e sem poder mover as pernas.

Imediatamente corremos para um grande hospital – a Beneficência Portuguesa – onde a Mari foi examinada por vários médicos que tentaram descobrir a estranha doença, porém, sem resultado algum. Um dizia que era uma crise renal, outro acreditava tratar-se de uma gravidez nas trompas, um outro apostava em apendicite aguda, e outros nem se quer se aventuravam a dar uma opinião.

Finalmente chamaram o professor. O Dr. Dante, profissional experiente e competente, disse que poderia ser o apêndice e que só tinha uma maneira de saber: fazer uma cirurgia exploratória.

O médico estava certo. Cirurgia feita descobriu-se que de fato, o apêndice havia supurado e invadido os intestinos. Correu tudo bem, a intervenção foi um sucesso. No dia seguinte a Mari já estava em um apartamento e poucos dias depois a levei para casa onde ela foi recebida com muita festa pelas crianças e mais alguns familiares que estavam por lá.

Ela tomou a medicação corretamente. Chegou o dia de voltar ao hospital para a retirada dos pontos. Estávamos felizes até que, quando o trabalho estava mais ou menos na metade, os demais pontos se romperam. A incisão que estava aparentemente bem cicatrizada se abriu por completo. Um líquido escuro e mal cheiroso brotou lá de dentro. Ficamos apavorados. Havia uma infecção, que em razão dos fortes antibióticos, estava sob controle. Fizeram uma boa limpeza do local, a medicação foi duplicada e o médico nos acalmou dizendo que dentro de poucos dias estaria cicatrizado e tudo terminaria bem.

Eram muitas injeções e muitos comprimidos. E tudo estava andando normalmente.

Continuei meu trabalho, como se tudo estivesse normal. Porém, algo estava para acontecer.

Eu estava na cidade de Ribeirão Preto a muitos quilômetros de casa. Liguei pra casa à tarde, como fazia todos os dias. Aquele era o primeiro dia após o término do prazo para uso de medicamentos. Fui informado que deveria voltar pra casa uma vez que a Mari estava com febre altíssima, já estava hospitalizada e a informação era de infecção generalizada. Tomei um ônibus, e demorou uma eternidade.

Cheguei ao hospital perto de meia-noite. O médico estava à minha espera. A Mari estava mesmo em estado desesperador. Manchas negras por todo o ventre. Na verdade eram 57 pontos infecciosos. Não falava mais, não abria os olhos e também não se movia. Estava em estado de coma profundo. O médico tentou explicar a situação, mostrando-me os exames, e com um pouco de desânimo me disse:

"pastor, o assunto agora é entre o senhor e seu Deus. Não podemos fazer mais nada, infelizmente".

Tenho que confessar a você que naquele momento o mundo inteiro desabou sobre a minha cabeça. Perguntei ao médico se não podia fazer outra cirurgia e ele me respondeu que se fizesse, ela morreria. Não havia nada mesmo para fazer a não ser olhar para cima e pedir a ajuda de Deus. Numa hora dessas é muito fácil pensar no pior. Imediatamente veio à minha mente a imagem dos nossos filhos, com 4, 7 e 9 anos de idade. Parece que a terra desapareceu debaixo dos meus pés. Eu não conseguiria viver sem minha companheira. Ela não poderia ir embora assim e me deixar sozinho com as crianças. Eu não saberia o que fazer sem ela.

Antes de sair do quarto para tentar achar uma solução acariciei o seu rosto com a mão, como tantas outras vezes. Tentei falar com ela, mas não havia nenhuma reação. Minhas lágrimas caíam em silêncio. Eu só queria me encontrar com Deus. Não queria perguntar o porquê, nem brigar com Ele. Queria apenas estar próximo para pedir socorro.

No corredor vazio, silencioso e pouco iluminado do hospital, me ajoelhei e ainda com lágrimas nos olhos fiz um pacto com Deus. Nunca, em toda a minha vida, havia me ajoelhado num corredor de hospital. Abri meu coração dizendo: ***Senhor, se alguém tem que morrer que não seja ela. Eu posso morrer em seu lugar, poupa minha esposa, por favor, as crianças precisam mais dela do que de mim.***

Depois de falar com Deus por alguns momentos, e colocar diante dEle minha posição, uma paz profunda inundou o meu coração. Tranqüilo, como se nada estivesse acontecendo, fui para as ruas perambular. Naquele momento eu compreendi o significado do que está em Salmo 37:5, ***"Entrega o teu caminho ao Senhor, confia nEle, e o mais Ele fará".*** Tudo havia terminado para mim. A jornada terminara. Minha vida se acabara para que a Mari pudesse viver. Eu havia trocado com Deus e em meu coração sabia que Deus aceitara minha vida pela vida dela. Ele também deu Sua vida em troca da nossa. As ruas estavam mais escuras do que nunca. Caía uma chuva bem fina, mas eu não sentia nada mesmo! Pensei que seria atropelado por um carro. Poderia ser morto por um assaltante, ou ainda Deus mandaria um raio sobre a minha cabeça. A troca estava feita e era de verdade. Passei a noite perambulando e nada me aconteceu, a não ser ficar completamente molhado.

Antes de amanhecer voltei para o hospital. Entrei no quarto e nada havia mudado. A cena era a mesma. Minha esperança era ter um raio de luz ao amanhecer. Sentei-me numa cadeira. Aquela que acolhe os acompanhantes. Quantas coisas passam pela cabeça de alguém que se senta naquela cadeira, junto ao leito de morte de um ente querido!

Sem perceber e sem querer passei por um sono rápido. O que eu não sabia é que Deus preparara uma surpresa para mim. Ele queria me dar um presente. Eu acordei assustado quando ouvi a Mari me chamando dizendo: *"querido, acorda"!* Abri os olhos e ela estava assentada na cama, muito emocionada e com desejo de tomar banho. Parecia uma miragem, um delírio. Mas era verdade.

Quando quis saber o que estava acontecendo ela me interrompeu pedindo que eu me sentasse ao lado dela e ficasse quietinho, apenas ouvindo o que ela me diria.

Aproximei-me, ainda meio molhado, segurei sua mão e ouvi a mais linda das experiências da minha vida. O que ela me falou, está gravado na minha mente, não esquecerei jamais. Estas são as suas palavras:

Eu não sei bem o que foi. Não sei se foi um sonho, uma visão, um anjo, ou se Jesus mesmo esteve aqui.

Eu não sentia mais nada, não ouvia e não via mais nada. Só que lá no fundo da minha mente alguém me dizia que tivesse fé, muita fé. Naquele momento, vi alguém se aproximar do meu leito. Percebi apenas que estava vestido de branco, com uma veste tão bela como jamais havia visto igual. Na minha mente era Jesus quem estava ali, embora não tenha visto o rosto. Eu pensei: se eu pudesse pelo menos tocar em Sua veste, como aquela mulher da Bíblia, que tocou as vestes de

Jesus e foi curada! Sentia que se conseguisse tocar, seria curada. Num esforço sobre-humano ergui-me bem devagar, estendi o braço e como se fosse a última partícula de energia restante em mim, estiquei a minha mão e consegui tocar a veste. O tecido era muito suave, macio como veludo. Enquanto segurava, aquele Ser luminoso colocou a mão sobre a minha cabeça e me disse suavemente: ***"Filha, eu te amo muito! Você não vai morrer. Você ainda tem muito para fazer".*** *E enquanto eu sentia uma corrente de energia divina inundar meu corpo, percebi que a luminosidade foi diminuindo e finalmente desapareceu. Consegui abrir os olhos e tudo que vi foi você cochilando. Eu estou bem, tenho certeza que Deus me curou.*

Eu percebi o milagre estampado no seu rosto. A sua cor rosada tinha voltado, não estava mais pálida. Fiquei meio sem fôlego, mudo, maravilhado, agradecido.

Enquanto a Mari tomava banho, eu telefonei para o médico, que veio correndo para o hospital.

A Dra. Katia, do centro de ultra-sonografia, entrou em seguida e ficou muito surpresa. Era quase impossível acreditar. Outro exame foi feito imediatamente. O médico, Dr. Dante, comparou os dois, o primeiro feito na tarde do dia anterior e o último feito logo pela manhã. Meneou a cabeça e falou diante dos demais membros da equipe: ***"Há mais de trinta anos, exercendo medicina, nunca vi nada semelhante".***

Olhou para mim e disse: ***"Pastor, o senhor é um homem de muita fé e muita sorte. E Seu Deus é maior ainda. Sua esposa está salva".***

Pode acreditar, todos aqueles pontos infecciosos convergiram para um lugar só. Fizeram uma drenagem retirando quase meio litro de infecção. Quatro dias depois a Mari estava em casa, completamente curada.

Pode parecer coincidência, mas pense o que quiser. Naquela noite, enquanto minha esposa estava em coma, e eu perambulava pelas ruas, a vó Leny, que é a mãe da Mari e que mora conosco, percebeu um vulto brilhante, semelhante a um anjo, caminhando dentro do nosso apartamento.

Hoje ainda Deus continua nos sustentando com a Sua poderosa mão. Cada novo dia me lembro que a vida está nas mãos de Deus. Por duas vezes minha vida pertence ao Senhor. Primeiro, porque a vida é um dom de Deus, e segundo, porque Ele permitiu à Mari viver sem tirar a minha vida. Eu já não sei mais se é a minha vida que é emprestada, ou se é a vida da Mari. Uma coisa eu sei: Deus tem sido muito bom para mim. Muito em breve espero ter a alegria de agradecer a Deus pessoalmente por ter permitido que esta experiência acontecesse em nossa vida, libertando a Mari das garras da morte e devolvendo-me a alegria de viver.

Por fim, pense um pouco nestes três ideais, que são como que regras para uma vida feliz e vitoriosa.

a) Confie no seu potencial colocando assim a auto-estima em prática. Provérbios 23:7.

b) Quando depender de você, coloque todo esforço possível, até o seu limite. Josué 1:9.

c) Se algo escapar do seu controle, peça a ajuda de Deus, cuja mão está sempre estendida. Isaías 41:10.

Bom, agora o livro acabou mesmo!

Deus seja louvado!

Artimpress
Gráfica & Editora Ltda.
Tel.: (27) 3223-1788